FRANÇOIS PUPPONI

LA GAUCHE EN PERDITION

LFI, EELV, NUPES... La grande dérive

LES ÉDITIONS DU CERF

www.editionsducerf.fr
24, rue des Tanneries
75013 Paris

ISBN 978-2-204-15512-0

1.

Cette néogauche qui n'est pas de gauche

Je pense depuis toujours que la gauche est humaniste, universaliste, attachée à la démocratie. Jamais je n'ai cru qu'elle pouvait emprisonner ceux qui ne pensaient pas comme elle, déporter en foule ses supposés adversaires ou faire exécuter ses opposants.

La gauche, c'est Émile Combes et la laïcité, Jean Jaurès et son combat désespéré contre la guerre, Léon Blum et les congés payés, Jean Moulin et l'unification de la Résistance, Pierre Mendès France et la décolonisation, François Mitterrand et la construction européenne. Je n'ai jamais compris que l'on puisse considérer Lénine, Trotski, Staline ou Mao comme des hommes de gauche. Ni d'ailleurs Brejnev, Pol Pot et Fidel Castro. L'univers concentrationnaire n'est pas une valeur de la gauche.

La gauche est née de la lutte des hommes contre l'oppression. Le XIXe siècle qui l'a vue apparaître sous sa forme moderne est celui des premiers pas de la démocratie, lorsque les États-Unis et une poignée de nations européennes se sont arrachés à l'absolutisme monarchique. Depuis la guerre d'indépendance en Amérique, depuis la Révolution française, et peut-être même la Déclaration des droits en Angleterre, la gauche s'est battue pour donner au peuple une représentation politique, des responsabilités électives, un État de droit. Elle a défendu les libertés fondamentales : la liberté de la presse, la liberté d'expression, la liberté d'entreprendre sont inaliénables. Grâce à elle, une grande partie du monde vit en démocratie, même si toute organisation de la société est indéfiniment perfectible.

Depuis plus d'un siècle, aussi, elle s'efforce d'éradiquer la misère. Aux origines, elle a connu la révolution industrielle, quand les populations fuyaient les campagnes, poussées par la faim, pour venir s'entasser dans les villes, avec l'espoir de trouver du travail. Dès cette époque, elle s'est battue pour que les enfants ne soient plus contraints de pousser des wagonnets au fond des mines, pour que les femmes ne s'épuisent plus sur des métiers à tisser, pour que les ouvriers perçoivent des salaires corrects.

La gauche a contribué à élever le niveau de vie des Français, à offrir aux plus modestes un environnement convenable, des logements décents, un système éducatif performant, des services de santé efficaces, une assurance contre le chômage, des régimes de retraite. Je n'irai pas prétendre que tout est parfait, mais que de chemin parcouru en cinq ou six générations... La misère noire, celle de Victor Hugo, celle d'Hector Malot, celle d'Émile Zola, celle de Francis Carco ou même de Marcel Carné a bel et bien été vaincue : la faim a disparu, l'instruction s'est développée, les classes moyennes ont pris toute leur place, l'espérance de vie s'est considérablement allongée, la France est devenue l'une des nations les plus égalitaires de la planète. Peu de pays dans le monde ont autant apporté à leur population.

Cette gauche, dont on peut légitimement être fier, c'est la social-démocratie.

J'ai milité en son sein pendant presque toute ma vie politique. Ce n'est qu'à la toute fin que je l'ai quittée, et je serais plutôt tenté de dire que c'est elle qui m'a quitté... J'ai adhéré aux Jeunes socialistes quand j'avais quinze ans. J'en ai ensuite passé plus de trente au Parti socialiste. J'ai été chevènementiste avant de rencontrer Dominique Strauss-Kahn dont j'ai par la suite été l'un des partisans plus ardents. Je suis toujours son ami.

Après l'élection d'Emmanuel Macron, j'ai une dernière fois été élu député sous la bannière socialiste. Je n'avais pourtant pas soutenu le candidat de ce parti. Quels que soient mes désaccords avec François Hollande, je n'avais pas supporté le torpillage acharné du Président auquel s'étaient livrés certains responsables de sa propre formation. Je l'ai vécu comme une trahison. Déjà, le PS était engagé dans une dérive vers autre chose. Je ne me reconnaissais pas dans ce discours économique délirant. Je n'aimais pas ce que j'entendais se murmurer dans sa petite musique populiste. Et puis ce suicide en direct, comme si certains s'étaient donné pour mission de détruire ce parti d'Épinay qui avait dominé la vie politique pendant quarante ans, était aussi absurde que peu reluisant.

Estimant que les socialistes s'étaient perdus, j'ai quitté leur groupe parlementaire pour me rapprocher du Modem. Après avoir été attaqué parce que j'étais à la droite du Parti socialiste, je me retrouvais donc à la gauche de François Bayrou. Mais baste ! On peut faire bien des reproches au maire de Pau, sauf de n'être pas démocrate. De plus, à l'image de beaucoup de socialistes parmi les plus illustres, comme Jacques Delors, je suis toujours senti plus proche des centristes que des communistes. La fin de mon mandat de député en est la plus parfaite illustration électorale, la gauche marxiste et les pro-islamistes ayant uni leurs efforts pour me faire battre. J'ai été défait par une coalition rouge/noire.

Lors des dernières consultations, pourtant, la gauche autoproclamée s'est effondrée. Entre la présidentielle de 2012 qui a envoyé François Hollande à l'Élysée et la réélection dix ans plus tard d'Emmanuel Macron, elle a perdu 4 millions d'électeurs. Où sont-ils passés ? Pour l'essentiel, ils ont rejoint Emmanuel Macron, dont ils représentaient en avril 2022 un gros tiers des voix du premier tour. Aux législatives, la fonte était encore plus flagrante : cette fois, 5,6 millions des électeurs de gauche de 2012 manquaient à l'appel, si bien que les formations autoproclamées « de gauche » réalisaient leur score le plus faible de toute l'histoire de la République. Même en avril 1848, sous le gouvernement de Jacques Charles Dupont de l'Eure, la gauche avait fait mieux. En juin 2022, La Nupes séduisait 5,8 millions d'électeurs et les groupuscules trotskistes 266 000. Quant à ce qu'il restait de la pauvre social-démocratie, elle ne réunissait pas plus de 713 000 voix. Pour elle, c'était un désaveu grandement dû à la débâcle d'Anne Hidalgo. C'en était un autre pour la Nupes qui criait pourtant victoire. Une victoire qui lui aurait été volée...

C'est donc un désaveu, mais aussi un symptôme, le second étant en grande partie la cause du premier. Car la gauche française a perdu son âme. Cinquante ans après le congrès d'Épinay, la voilà qui renoue avec ses pires errements. François Mitterrand avait pourtant réussi à remiser le communisme et les derniers oripeaux du marxisme révolutionnaire au magasin des antiquités – souvenez-vous de sa promesse de « plumer la volaille communiste ». Jusqu'à l'élection de François Hollande, la gauche semblait donc disposée à jouer pleinement son rôle d'alternance démocratique dans un pays du camp occidental. C'était hélas une illusion, car voilà la gauche officielle qui rechute, vocifère, s'égosille, bafoue les institutions, braille, piétine, rêve de grand soir, de destruction du capitalisme et brandit de nouveau ses petits poings. Et comme les électeurs la fuient en courant, la Nupes s'aligne sans trop de réserve derrière les idéologies du catéchisme *woke*.

La nouvelle gauche s'est donc faite indigéniste, séparatiste, communautariste, néoféministe et néo-antiraciale, décolonialiste mais dans le mépris de l'histoire, écologiste à la manière Amish et, à ses marges, pro-islamiste voire antisémite. Du passé faisons table rase : plus personne se réclamant de la social-démocratie ne peut défendre la croissance distributrice de prospérité, la régulation de l'économie de marché, la laïcité, l'égalité des chances, ni même le travail, sans se faire injurier. Tout ce qui a trait à notre civilisation doit être « déconstruit », détruit, incendié, anéanti, mis à sac...

Dans le monde de cette gauche Attila, la réflexion n'a plus sa place. A-t-on entendu parler d'une commission économique, d'un groupe de discussion sur le climat ou de tout autre chose ? Plus personne ne pense, plus personne ne travaille, plus personne ne lit, plus personne ne débat : fidèle à sa culture de l'outrance, cette néogauche s'occupe à instruire des procès de Moscou, à condamner ses hérétiques, à menacer ses contradicteurs et à injurier le reste du monde. Ah ! l'injure, que tous les systèmes totalitaires chérissent et préfèrent à la rhétorique... Dans cet univers, ceux qui ne se soumettent pas religieusement sont des réactionnaires et des fascistes. Personnellement, je ne m'attends à rien d'autre.

Ce n'est pas la première fois que la gauche sort de son cours social-démocrate. Depuis un siècle, elle a connu des dérives dans nombre de pays. Rappelons l'aventure bolchevique, premier régime totalitaire au monde, qui a conduit ses sinistres héros à éliminer ou assassiner les autres courants de la gauche russe, dont les mencheviks et les socialistes révolutionnaires. Dans la foulée, la majorité de la SFIO s'alignait, en France, sur la dictature de Lénine pour fonder le parti communiste français. D'autres avatars de la gauche sont plus étranges, voire plus monstrueux.

Tout d'abord, il ne faut pas oublier que Benito Mussolini vient de la gauche. Il avait été président du Parti socialiste italien. Le fascisme emprunte d'ailleurs une partie de son ADN à la gauche radicale. Sa vision d'un État omnipotent et sa conception de l'individu supposé s'effacer devant le collectif viennent de là.

Comme le communisme et le fascisme, le nazisme est une troisième abomination sortie des tranchées de la Grande Guerre. Ainsi que l'indique son nom, le Nationalsozialistische Deutsche Arbeiterpartei (NSDAP) fait lui aussi référence au socialisme. D'ailleurs, Joseph Goebbels, le ministre de la Propagande d'Adolf Hitler, qui avait lu *Le Capital*, était encore marxiste dans les années vingt. Au sein du parti nazi, il incarnait une aile gauche qui réclamait, avec les frères Otto et Gregor Strasser, l'application d'un « socialisme strict » ou « pur » appuyé sur la nationalisation des moyens de production.

On retrouve dans le discours des nazis une grande partie de la logomachie de l'extrême gauche : la référence aux « masses », aux « travailleurs », l'hostilité à l'égard du « capitalisme ». En revanche, d'autres thèses, ignominieuses, lui sont propres, comme les théories qui concernent la hiérarchie des « races ». Mais le nazisme n'a pas l'exclusivité de l'antisémitisme : la mise en accusation du peuple juif se manifeste aussi dans certains milieux de gauche, surtout au XIXe siècle, qui l'associent au capitalisme, à l'argent, à la grande banque. Si Lénine n'était pas antisémite, le communisme n'a pas tardé à renouer, après sa mort, avec un antisémitisme qui était profondément enraciné dans la Russie des tsars. L'URSS pratiquait un double discours fondé, comme il se doit, sur le mensonge : d'un côté l'appareil d'État prétendait combattre l'antisémitisme, de l'autre, il s'acharnait à effacer toute forme d'identité juive, jusqu'à l'étude de l'hébreu, au nom de la politique nationale et de la lutte contre les superstitions, c'est-à-dire les religions.

On peut donc admettre qu'un antisémitisme systémique caractérisait l'URSS. Il s'est également manifesté dans les procès de Moscou, notamment contre Zinoviev, Kamenev, qui étaient les alliés de Staline dans la troïka qui lui avait permis de marginaliser Trotski lors de la succession de Lénine. Tous les deux étaient juifs et Trotski aussi. La femme de Kamenev, sœur de Trotski, de même que leurs fils de 17 et 33 ans, furent eux aussi fusillés. L'antisémitisme rouge franchit une étape supplémentaire après la naissance d'Israël. Sur les quatorze accusés des procès de Prague, en novembre 1952, qui tous reconnurent publiquement des crimes imaginaires et furent pour la plupart exécutés, onze étaient juifs. Pendant les débats, un déferlement de haine contre les juifs souffla sur la Tchécoslovaquie. Ils se prolongèrent dans les années suivantes. Au même moment, Moscou inventa le « complot des blouses blanches », prétendument ourdi par neuf médecins du Kremlin pour assassiner les dirigeants soviétiques. Bientôt, trente-sept, puis des centaines de personnes, pour la plupart juives, furent arrêtées. Plusieurs moururent sous la torture.

Quand Staline déclare que « tout juif est un ennemi potentiel à la solde des États-Unis », le régime dénonce une prétendue « organisation juive internationale bourgeoise-nationaliste ». Beaucoup d'historiens sont aujourd'hui persuadés que l'URSS préparait sa solution finale. De nombreux signes, comme la réquisition de trains de marchandises, laissent penser que l'on s'apprêtait à déporter plusieurs millions de Juifs, notamment ceux de Leningrad, vers le Birobidjan, l'officiel *oblast* juif de Sibérie extrême-orientale. Après une semaine de voyage par 40 degrés en dessous de zéro, il n'y aurait pas eu beaucoup de survivants. La mort de Staline, deux mois après la découverte du « complot », a stoppé la machine infernale. En France, le journal *L'Humanité*, qui n'avait pas hésité à accuser les médecins en mettant en cause « la grande finance juive » et des « cosmopolites dégénérés », a dû rétropédaler en expliquant que le « complot des blouses blanches » était réellement un complot, mais plutôt de la presse occidentale. Impayables communistes...

L'antisémitisme continuera pourtant de prospérer sous le communisme, prenant une forme discrète et souterraine en Hongrie ou au contraire très violente, en Pologne, lors des manifestations estudiantines de 1968, voire dans des films d'Andrzej Wajda, comme *La Terre de la grande promesse*. En URSS, les Juifs ont continué pendant des décennies à subir des brimades, des discriminations – à l'entrée des universités, par exemple – ou carrément des persécutions, comme ces refuzniks que l'État empêchait d'émigrer en Israël, allant parfois jusqu'à les enfermer dans des asiles psychiatriques. Quand on fait le bilan, le système soviétique n'était, à certaines époques, pas loin d'égaler l'horreur absolue qu'a représenté le Troisième Reich comme mode d'administration d'une population.

Voilà comment une partie importante de l'extrême gauche a toujours été antisémite. Je ne m'étonne pas qu'elle le soit restée, toujours sous un vague prétexte antisioniste. Continuons de remonter dans l'histoire du communisme : dans l'entre-deux-guerres, les rapprochements entre rouges et bruns ne furent pas circonscrits à l'aile gauche du NSDAP et au parti communiste allemand, voire à Zinoviev et au Komintern. Nous allons voir, à ce propos, que la prétention du communisme érigé en implacable ennemi du nazisme est l'une des plus grandes falsifications de l'histoire. L'implacable ennemi des dictatures, ce n'était pas le communisme mais les démocraties, pour lesquelles les régimes totalitaires de tout bord nourrissaient la même aversion. D'ailleurs, en 1939, Staline est loin d'être le grand ennemi de Hitler. Il en est même l'allié – précisément contre les démocraties – lorsque, le 23 août, il signe le pacte germano-soviétique. En France, les communistes entrent dans la clandestinité tandis que leur chef, Maurice Thorez, déserte pour aller se réfugier à Moscou. Le « parti » et sa courroie de transmission syndicale, la CGT de l'époque, sabotent nos usines d'armement, notamment dans l'aéronautique, pour aider leurs alliés hitlériens.

Hitler et Staline écrasent la Pologne, se la partagent, et massacrent ses élites, la police secrète soviétique assassinant 4 500 officiers polonais à Katyń. Arrive l'offensive nazie de 1940. Les Panzers qui envahissent la France roulent avec du pétrole de Bakou, que les communistes russes ont obligeamment livré à leurs amis nazis. Enfin, la France sitôt occupée, la direction du PCF, conduite par Jacques Duclos, est allée demander aux autorités allemandes l'autorisation de faire reparaître *L'Humanité*, le quotidien du « parti », qui avait été interdit par le gouvernement de la République pour cause d'intelligence avec l'ennemi. En novembre 1940, l'Allemagne propose même à l'URSS de rejoindre l'Axe, où se trouvent déjà l'Italie et le Japon. Moscou accepte mais avec des exigences territoriales, comme l'annexion de la Finlande, difficilement recevables par Berlin.

Pour en revenir à Hitler et Staline, les historiens nous expliquent aujourd'hui que les deux dictateurs avaient de l'estime l'un pour l'autre. Hitler haïssait les communistes depuis que les spartakistes allemands avaient tenté en 1918 de refaire à Berlin le coup d'État que les bolcheviks avaient réussi un an plus tôt à Saint-Pétersbourg – les corps francs d'extrême droite ayant écrasé ce putsch dans un bain de sang – mais il respectait les dictateurs. Quant à Staline, il faisait fusiller quiconque, parmi ses collaborateurs, le mettait en garde contre une préparation de guerre des nazis. Autant dire que le moustachu du Kremlin a été assommé, le 22 juin 1941, quand Hitler a déclenché l'opération Barbarossa : il a même sombré dans un état de catalepsie qui l'a empêché de réagir pendant plusieurs semaines. Voyant l'Armée rouge en déroute, Washington s'est empressé de lui envoyer, par la mer de Barents et Mourmansk, une quantité phénoménale de matériel militaire, dont 13 000 chars et 14 000 avions. C'est ce qui lui a permis de tenir.

Sans l'aide américaine, l'URSS aurait été vaincue. Le bilan humain, acquitté par ses peuples, a été terrifiant, mais ce sacrifice a permis à Staline de s'installer à la table des vainqueurs. Du côté français, de Gaulle s'est empressé dès 1944 de blanchir l'argent sale des communistes, rhabillant ces collaborateurs de la première heure en héros de la résistance. Le Général voulait rester fidèle à l'esprit du Conseil national de la Résistance et passer tout de suite à l'étape de la réconciliation nationale, ce qui incluait donc les communistes. Et puis, tous les risques de guerre civile n'étaient pas exclus, car les maquis communistes refusaient de rendre leurs armes, certains étant même tentés de profiter de la Libération pour déclencher une « révolution ».

Mais fermons cette parenthèse pour en revenir aux rapprochements et basculements qui se sont produits dans les années trente. En France, Jacques Doriot, le maire communiste de Saint-Denis, qui était l'étoile montante et filante du PCF et de l'Internationale, s'est peu à peu rapproché de l'extrême droite et a fini par porter l'uniforme de la Waffen SS sur le front de l'Est. Et s'il n'y avait que lui ! Une pléiade de personnalités de gauche ont rejoint la collaboration. Qui se souvient des néosocialistes, ces jeunes militants turbulents menés dans les années trente par Marcel Déat, brillant normalien, agrégé de philosophie puis député socialiste ? À l'origine, c'étaient des intellectuels de la SFIO partisans de la planification et du dirigisme économique sous le contrôle des technocrates. Las ! Léon Blum restant sourd à leur discours, une partie d'entre eux a alors choisi de faire sécession, pour se retrouver dans la nature, toujours en quête de cet État puissant capable d'intervenir pour transformer l'économie et la société. Ils ne restèrent pas longtemps orphelins parce que, justement, un État de ce genre attira très vite l'attention des néosocialistes. Dès lors, Marcel Déat regarda du côté de l'Italie fasciste.

Le Rassemblement national populaire, qu'il créa sous l'Occupation, s'était doté d'un emblème ressemblant beaucoup à la croix gammée. Déat lui-même, sans crainte du ridicule, arborait la chemise noire portée par les fidèles de Mussolini. Reste un mystère : comment l'un des hommes de gauche les plus intelligents et les plus cultivés de son temps a-t-il pu basculer dans cette ignominie ? Voilà une énigme à laquelle il ne serait pas inutile, aujourd'hui, d'apporter une réponse...

L'angoisse qui commence à gagner les Français concerne la nature même de cette gauche de la table rase. La néogauche serait-elle un avatar du néosocialisme ? Où que je me tourne, je ne vois qu'obscurité, disait le philosophe. Au cours des dernières décennies, la noirceur a gagné l'Occident tout entier. Par-delà les considérations politiques, il y a des faits de civilisation qui ne laissent de surprendre. Pourquoi la nôtre a-t-elle soudain basculé dans la sinistrose ? C'est arrivé à peine la Guerre froide terminée. Le conflit qui nous opposait depuis un demi-siècle au bloc communiste nous faisait-il prendre conscience que notre civilisation était précieuse ? En tout cas, voilà que le monde occidental semble frappé de neurasthénie.

Regardez la déferlante *woke* submerger les universités américaines, le Royaume-Uni déjà déstabilisé par le Brexit basculer dans cette folie, suivi par les Pays-Bas, la Belgique et même l'Espagne. Bien entendu, la France leur fait chorus. Pas un jour ne passe sans que nous ne revisitions notre histoire par l'absurde. Mitterrand ne se lassait pas de nous rappeler que notre culture est de celles qui ont allumé les Lumières ni de commémorer les épisodes les plus glorieux de la Révolution française. L'Europe pourrait aussi se remémorer les origines grecques de la démocratie, la Renaissance, l'économie de marché, toutes les sciences et la technologie... Le seul épisode de notre histoire qui a l'air d'enthousiasmer les nouveaux camarades, c'est la passion de nos sans-culottes pour la guillotine.

Notre néogauche est déprimante, pessimiste. Autrefois, le parti communiste nous promettait des lendemains qui chantent, quand bien même son Union soviétique pataugeait dans les charniers. Aujourd'hui, la néogauche ne se donne même plus cette peine. C'est une néogauche « père Fouettard », porteuse de terribles nouvelles, qui prêche la repentance avec des accents de jansénistes marxistes. Cette mouvance péremptoire, menaçante, punitive, nous promet une géhenne sans fin, un malheur durable. « Vous êtes malheureux, vous le serez toujours, mais les autres seront encore plus malheureux », affirment les prêtres et les prêtresses du pandémonium trotskiste. L'enfer, susurrent-ils, c'est pour les autres. C'est un jardin des supplices à la Jérôme Bosch, un monde sinistre, que l'on nous propose. On ne pourra pas dire qu'elle cachait son jeu, même Lénine n'aurait pas osé dire cela, lorsque le train du kaiser Guillaume II entrait en gare de Petrograd.

Dans quelle époque avons-nous basculé pour qu'un si grand nombre d'entre nous se noie dans un désir d'existence aussi sombre, pour qu'autant de Français se résignent à cette monstruosité ? Il faut que la vraie gauche renaisse de ces cendres, qu'elle rende au peuple le plaisir de vivre. La France ne doit pas perdre de vue que la social-démocratie, c'est la lumière.

2.

Une passion pour les dictateurs sanguinaires

Un ancien banquier rose, naguère nommé par François Mitterrand à la tête d'un établissement public, s'était pris d'amitié pour Mélenchon. Le trublion était à l'époque sénateur socialiste. « J'aime beaucoup Jean-Luc, confiait parfois l'argentier mitterrandiste, mais dans le privé il nous assomme avec son Trotski. » À l'en croire, l'élu de l'Essonne vouait une passion dévorante au théoricien de la « révolution permanente », qu'il citait à tout propos.

On en est malheureusement toujours là. Dans la mouvance d'extrême gauche, ce syndrome est d'ailleurs très répandu. Au demeurant, la plupart des Français qui en ont entendu parler considèrent le trotskisme comme le folklore sympathique de la gauche, conformément à une légende vendue pendant des décennies sur tous les campus de l'Hexagone. Depuis les années soixante-dix, on s'est tous fait embobiner à la sortie d'un amphi par ses diffuseurs de tracts. Il faut dire que l'assassinat, en 1940, du leader bolchevique était tombé à pic – sans mauvais jeu de mots, Staline ayant envoyé un tueur de sa police secrète pour lui asséner un coup de pic à glace dans la nuque – pour qu'on lui dessine une auréole. Mais le saint martyr n'était en vérité pas aussi innocent qu'on veut bien le dire.

C'est par exemple Trotski – et non Adolf Hitler – qui a inventé les camps de concentration. Des baraquements, des enclos, des miradors ont été construits sur son ordre, en août 1918, à Mourom et à Arzamas, deux villes situées à 300 kilomètres à l'est de Moscou, pour y enfermer, selon la phraséologie officielle, « les agitateurs louches, les officiers contre-révolutionnaires, les saboteurs, les parasites, les spéculateurs ». En réalité, les détenus n'étaient rien de tout cela. Les communistes avaient mis au frais des milliers de gens qui n'avaient pas commis le moindre acte illégal mais étaient à leurs yeux potentiellement hostiles au régime : les supposés « bourgeois », « petits bourgeois » et autres koulaks.

La vérité, c'est que le père spirituel de la néogauche a posé les premiers barbelés d'un univers concentrationnaire qui s'est imposé par la terreur pendant près de soixante-quinze ans. Et ce Léon Trotski ne manque pas de compagnie de choix dans le panthéon des Insoumis. On y retrouve bien sûr l'incontournable Lénine, complice du précédent dans le martyre du peuple russe. À elle seule, c'est plusieurs millions de victimes que la momie de la place Rouge a sur la conscience.

À côté de ces deux-là, peu de Français étaient dignes de figurer sur la photo. Sauf un, Maximilien de Robespierre, dont ils ont fait leur héros, au prétexte que le député d'Arras détestait la corruption. Voilà comment l'inventeur de la terreur en politique et de la première dictature des temps modernes – il y en aura beaucoup d'autres dans les siècles à venir qui souvent s'inspireront de la sienne – est devenu le héros de « la gauche » française. Rappelons que le tyran emperruqué a envoyé à la guillotine 17 000 de ses concitoyens, sans compter tous les autres, fusillés de Vendée, noyés de Nantes, canonnés de Lyon, aristocrates à la lanterne, égorgés, étripés, occis d'une manière ou d'une autre. Combien sa terreur a-t-elle fait de victimes ? Longtemps les historiens ont avancé des chiffres qui oscillaient entre 35 000 et 40 000 personnes, mais on sait aujourd'hui que c'était beaucoup plus. Heureusement, sa dictature a duré moins de deux ans.

La soumission à Robespierre est une véritable idolâtrie, délibérée, cultivée, proclamée. Sans compter qu'il y a aussi ce qu'on pourrait appeler des identifications subliminales. Ainsi, quand Mélenchon a un jour parlé d'Adrien Quatennens en disant « mon Saint-Just », certains observateurs se sont demandé s'il ne se prenait pas lui-même pour Robespierre. Le titre du livre à la gloire du bourreau montagnard signé par Alexis

Corbière suffit pour jeter l'effroi : *Robespierre, reviens !* Faut-il craindre que LFI se propose de trancher la tête aux Français qui lui déplaisent ? Croyez-vous que la lutte contre la corruption justifie de pareilles hécatombes ? Tous les incorruptibles n'ont d'ailleurs pas laissé de pareils charniers sur leur passage. De Gaulle, c'est de notoriété publique – tout le monde connaît les anecdotes, des factures d'électricité aux gigots des déjeuners dominicaux – était au moins aussi scrupuleux avec l'argent de l'État que le député d'Arras. Pour autant, il ne s'est pas autorisé à massacrer ses compatriotes.

Mais la liste des gourous de cette néogauche ne s'arrête pas là. Ce serait faire fi de l'Alliance bolivarienne, avec les *barbudos* de La Havane au sommet du mausolée. Certains se souviendront de l'oraison funèbre prononcée par Mélenchon à la mort de Fidel Castro. La scène se passe au pied de la statue équestre de Simon Bolivar à Paris. Il fait un froid de canard ce 26 novembre 2016 près du pont Alexandre III quand le zélateur du régime cubain déclare aux deux cents camarades venus l'écouter, la larme à l'œil et la goutte au nez, que « le décès de Fidel nous a amené une fois de plus à penser que c'est dans l'exemple de nos héros que nous puisons sans cesse les leçons et l'énergie dont nous avons besoin pour continuer à ouvrir le chemin que, dans leur temps, à leur place, ils ont d'abord dégagé ». Ce soir-là, Michel Onfray s'est demandé, sur un plateau de télévision, si l'orateur n'avait pas « fumé la moquette ». Le *lider minimo*, comme le taquinent ses opposants, mit tout de même un bémol à sa péroraison, en concédant que « Fidel avait fait des erreurs », mais en ajoutant aussitôt que « tout le monde fait des erreurs ». Tu parles... Plusieurs milliers d'exécutions, souvent sans jugement, 70 000 prisonniers politiques dès la première année de son régime, la torture au quotidien dans ses prisons et les millions de dollars détournés des caisses de l'État. Tous les chefs de gouvernement font cela, en effet.

Mais des millions de dollars, vraiment ? Il faut croire que Fidel Castro n'était pas aussi motivé que Robespierre pour combattre la corruption... L'un de ses anciens gardes du corps a confié que le leader prolétarien possédait pas moins de vingt résidences. Quant au magazine américain *Forbes*, dont les enquêtes sont connues pour leur sérieux, il a été amené à évaluer et réévaluer sa fortune à 110 millions, puis 150 millions et finalement 550 millions de dollars après trois investigations successives entre 2003 et 2005. D'anciens fonctionnaires cubains l'ont pour leur part estimée l'année suivante à 900 millions de dollars. Mazette ! On peine seulement à croire que ce sont là de banales économies réalisées sur son indemnité de président, laquelle s'élevait, selon ses propres confidences, à 40 dollars par mois...

Autre *barbudo* de légende, Che Guevara n'est pas moins haut en couleur, surtout s'il s'agit du rouge sang. Dès la victoire castriste de 1958, ce médecin argentin

– parce qu'il était médecin ! – s'empressa de piétiner sous ses brodequins militaires le serment d'Hippocrate. À part Josef Mengele et le docteur Petiot, peu de praticiens ont développé un goût aussi prononcé pour envoyer leurs contemporains dans l'autre monde. D'ordinaire, ils sont plutôt là pour leur sauver la vie. Mais pas Ernesto Guevara. Sitôt les barbes au pouvoir, lui officia à la Cabaña, cette ancienne forteresse espagnole de La Havane où l'on fusillait à la chaîne. Qui ? Des officiers de l'ancien régime, des « ennemis de la révolution » et plein d'autres personnes dénoncées pour un oui ou pour un non. Plus de deux cents exécutions sommaires furent d'ailleurs filmées puis diffusées à la télévision pour l'édification des masses.

Procureur au tribunal révolutionnaire – sorte de Fouquier-Tinville à la cubaine –, l'Argentin fut affublé du sobriquet de Carnicerito, autrement dit de « petit boucher ». Cela ne l'empêchera pas de devenir une icône planétaire. Il faut dire qu'un cliché pris par le photographe cubain Alberto Korda a davantage servi l'image du *Guerillero heroico* que sa sinistre biographie. Avec ses cheveux longs, sa barbe et son regard romantique, il a tout d'un soixante-huitard égaré à Woodstock comme les aimaient les sixties. Ce portrait a été reproduit à l'infini sur des affiches, des tee-shirts, et même un tableau d'Andy Warhol. Guevara est devenu un mythe. La mairie de Paris a récemment organisé une exposition à la gloire de ce qu'il faut bien appeler cet assassin de masse.

La néogauche a-t-elle d'autres parangons de vertu à nous proposer ? Jean-Luc Mélenchon et ses camarades nourrissent également une fascination pour Hugo Chávez, l'un de ces *comandantes* putschistes dont l'Amérique du Sud garde pieusement la tradition depuis deux siècles, au grand désespoir des populations locales. Dans la plupart des cas, les généraux Alcazar sont du bord opposé, plutôt dans l'extrême droite ligne de Francisco Franco : l'Argentine a eu Juan Perón, le Paraguay Alfredo Stroessner, le Chili Augusto Pinochet et l'Argentine Jorge Rafael Videla. Hugo Chávez, lui, est « de gauche », ce qui ne garantit d'ailleurs pas de meilleures manières, comme on a pu le voir, ce haut-officier ayant commencé par s'illustrer dans plusieurs tentatives infructueuses de *golpe*, ces coups d'État militaires à la mode latino-américaine.

Néanmoins, c'est démocratiquement – une exception dans cette galerie de héros – qu'il devient président du Venezuela. Sa conversion sera hélas de courte durée car une quinzaine d'années de régime autoritaire vont suivre. Son pouvoir sera émaillé de troubles, d'échauffourées, de fusillades et de morts violentes. Si la présidence Chávez ne s'est pas traduite par un bain de sang – autre exception parmi les régimes applaudis par la néogauche – elle a laissé dans son sillage plusieurs dizaines de tombes fraîches. Et surtout, cette démocrature a soutenu indifféremment les FARC, ces guérilleros marxistes colombiens qui ont pris Íngrid Betancourt en otage, les mollahs nucléaires de Téhéran, la Chine et la Libye de Mouammar Kadhafi. Pour un social-démocrate, de pareilles proximités sont évidemment inacceptables. Imagine-t-on Bernard Cazeneuve, ancien Premier ministre, apporter son soutien à un régime affichant ses affinités avec les ayatollahs iraniens ?

La passion vénézuélienne des troupes insoumises ne s'est pas éteinte avec Hugo Chávez. Leur chef a même menacé, dans le courant de l'élection présidentielle de 2017, que la France sous son égide rejoindrait l'Alliance bolivarienne. Créé par Chávez et Castro, ce Comecon (le marché commun des pays de l'Est) sud-américain accueille bien sûr Cuba et le Venezuela, plus une poignée de confettis et enfin l'Équateur d'Evo Moralès, autre figure de la gauche antidémocratique latino, bien connu pour ses ponchos chamarrés. Que serions-nous allés faire dans cette galère ?

Chávez disparu, Mélenchon a apporté son soutien à son successeur. Lorsqu'en 2013, Nicolás Maduro, qui était jusque-là vice-président, a dû annoncer la mort de son patron, le nouvel homme fort de Caracas n'a pas hésité à accuser les États-Unis d'être responsables du cancer qui venait de l'emporter. D'emblée, le monde entier a compris que les outrances de l'ancien chauffeur de bus à moustache allaient faire honneur aux extravagances du général Tapioca. Depuis, le pays est en proie à un désordre permanent, à la violence et à une guerre civile larvée. Soyons clairs : je n'ai rien contre les chauffeurs d'autobus et ne leur dénie aucunement le droit de faire de la politique. Seulement voilà, Maduro, moi, je le préfère au volant...

Trotski, Lénine, Robespierre, Castro, Chávez, Maduro : antidémocrates de tous les pays, unissez-vous ! Comme si cela ne suffisait pas, il fallait ajouter Poutine à cet aréopage. Il fallait que l'extrême gauche s'aligne sur l'extrême droite, le maître du Kremlin étant déjà soutenu en France par Le Pen et Zemmour (encore un point de convergence entre les extrêmes prétendument ennemis). Comme le répète Claude Malhuret dans chacune de ses interventions au Sénat, la France est la seule démocratie occidentale à subir la double peine. Quand partout ailleurs, on se contente d'avoir un seul populisme, nous nous offrons le luxe d'en avoir deux, un de droite et un de gauche. La France n'a pas retenu la triste leçon du XXe siècle qui aurait pourtant dû nous tenir éloignés de ces sinistres extrêmes. Est-ce la faute de l'école, dont les programmes deviennent toujours plus improbables ?

Pour en revenir à Poutine, il a fallu que cette gauche autoproclamée soutienne, en Russie, un dictateur de droite. Car il ne faut pas se raconter d'histoires, Poutine n'est pas de gauche. Que les vieux militants fassent la confusion et défendent Moscou comme ils le faisaient autrefois, au nom de l'antiaméricanisme ou en vertu du « bas les pattes devant l'Union soviétique », relève sans doute du réflexe pavlovien. Mais il faut leur expliquer qu'être russe ne veut pas dire communiste. Loin de là.

Poutine est le chef d'une oligarchie kleptomane, d'une ploutocratie mafieuse, avec des accents racistes et antisémites. Voleur parce que sa fortune est estimée à 200 milliards d'euros, toujours selon *Forbes*, qu'il a détournés des revenus du gaz, du pétrole ou des caisses de l'État. Grand massacreur de musulmans, aussi, la seconde guerre de Tchétchénie, qu'il a déclenchée, ayant causé la mort de 100 000 à 300 000 civils, soit 10 à 25 % de la population locale, Poutine incarne jusqu'à la caricature la sorte de tyran que les membres de LFI devraient avoir en horreur. Eh bien, paradoxalement, il est leur ami...

Oh, depuis l'invasion de l'Ukraine, avec son cortège de crimes de guerre, voilà les camarades devenus plus prudents. Ils ont évité de se brûler les ailes en revendiquant ce soutien encombrant, comme a pu le faire Éric Zemmour. Il n'en reste pas moins qu'ils le soutiennent. Au Parlement européen, ils s'abstiennent seulement de voter les sanctions contre l'envahisseur, auxquelles les lepénistes n'hésitent pas à s'opposer. Mélenchon évoque ainsi, à propos de Boris Nemtsov, le chef de l'opposition révolvérisé en février 2015 sous les murs du Kremlin, un « voyou politique ordinaire » assassiné par « l'extrême droite russe » que les États-Unis avaient attisée. De surcroît, le voilà qui traite Nemtsov d'antisémite, alors qu'il est juif... Pour finir, la vraie victime de cet assassinat est à ses yeux le commanditaire le plus probable de ce crime, en l'occurrence Poutine.

Il soutient aussi ce dernier quand le concert des nations s'indigne de voir ses Sukhoï écraser les habitants d'Alep sous leurs bombes. « C'est Poutine qui va régler le problème, éliminer Daesh », prédit Mélenchon. Manque de pot, ce sont les Irakiens et les Kurdes, aidés par la coalition internationale, qui ont liquidé l'État islamique. À Alep, les Russes se sont surtout attaqués aux opposants à Bachar el-Assad. Mais Mélenchon s'aligne encore sur la rhétorique de Moscou quand Poutine annexe la Crimée ou masse ses troupes à la frontière ukrainienne pour calmer les « provocateurs » et les « agités » de l'OTAN qui s'apprêtent à agresser la Russie, reprenant les accusations délirantes du président russe, comme le font Lavrov et Medvedev, les autres perroquets du Kremlin.

L'universitaire Françoise Thom observe que le président guébiste s'est constitué une garde de propagandistes à l'Ouest, au besoin en se faisant des obligés – ces dernières années, plusieurs formations politiques, dont le Rassemblement lepéniste, ont reçu des prêts de Moscou. Elle compare cette phalange à l'Internationale communiste des années vingt et trente. Ce « néo-Komintern de Poutine » recrute principalement à l'extrême droite, mais également à l'extrême gauche. Ancien directeur d'études à l'EHESS, Alain Besançon ajoute que « Mélenchon est poutinien par antiaméricanisme et anticapitalisme ». L'objectif du « Poutintern » est bien évidemment de disposer d'un réseau d'agents d'influence en Europe occidentale dont la propagande peut servir de relais à ses décisions tout en l'aidant à fracturer le bloc européen. C'est sa cinquième colonne.

Et ce n'est pas fini. L'an dernier, Pékin a de nouveau haussé le ton contre Taïwan. Le différend entre la Chine continentale et l'île de Formose plonge ses racines dans la chute de l'impératrice Cixi, renversée en 1911 par Sun Yat-Sen. Dans les décennies qui ont suivi, les républicains se sont divisés entre nationalistes et communistes, puis rapprochés, puis déchirés, puis derechef alliés contre le Japon, et puis encore opposés militairement. À la fin de cette guerre civile, les communistes ont réussi à occuper tout le continent tandis que les nationalistes se retiraient sur leur île. Depuis cette époque, les relations entre les deux Chine connaissent des périodes d'accalmie et de tensions. Ce sont les soubresauts d'une histoire séculaire.

Les pays occidentaux essaient autant qu'ils le peuvent de ménager la chèvre et le chou. Ce n'est pas toujours simple, surtout depuis 2013 avec l'accession au pouvoir de Xi Jinping. Ces derniers mois, le dernier empereur rouge n'a cessé de menacer Taïwan qu'il considère comme faisant partie de sa Chine. D'un côté, une dictature impitoyable, comme le rappelle tous les jours l'asservissement des Tibétains et des Ouïghours. De l'autre, une démocratie de plus en plus proche des standards occidentaux. Et vous aurez tout de suite deviné lequel des deux protagonistes a eu les faveurs de la néogauche : la machine à broyer communiste avec ses millions de prisonniers politiques et ses menaces réitérées contre la sécurité du monde. Une pareille haine de la démocratie mériterait au moins de figurer dans le *Guiness Book* des records.

Quand on est de gauche, je conçois que l'on puisse admirer Jean Jaurès, Léon Blum, Pierre Mendès France, François Mitterrand, Michel Rocard, Jacques Delors ou Dominique Strauss-Kahn... J'ai aussi connu des socialistes qui en pinçaient pour Felipe González, Tony Blair, Willy Brandt ou Barack Obama. Mais pourquoi faut-il que cette nouvelle gauche française éprouve une vénération pour des individus qui comptent parmi les plus abominables de l'histoire contemporaine ? Quelle passion morbide peut bien animer ces militants pour qu'ils vouent un culte pareil à des assassins de masse ?

Cette néogauche, qui n'a jamais admis que l'on puisse pardonner à des élus de droite d'avoir flirté, dans leur jeunesse, avec les héritiers de la Collaboration, les nostalgiques de l'Algérie française, les nervis de la rue d'Assas ou les laudateurs de quelque vieux dictateur à casquette, est d'une indulgence coupable avec les siens, même s'ils persistent à vénérer leurs épouvantails les plus sanglants. Quelles protestations indignées entendrait-on, d'ailleurs à juste titre, si un élu de droite s'avisait d'afficher une pareille brochette d'assassins dans sa galaxie ? Alors comment un quart des Français ont-ils pu voter, lors des législatives de juin 2022, pour des admirateurs de Robespierre et de Lénine ?

Certains m'objecteront que l'on se moque bien de savoir qui les uns et les autres accrochent dans leurs galeries de portraits. Eh bien, pas moi... Feriez-vous confiance à quelqu'un qui vous avouerait son admiration pour le maréchal Pétain ou pour Benito Mussolini ? Moi pas, et je ne me fierais pas davantage aux adeptes de la brochette évoquée plus haut. Les vaches sacrées de l'extrême gauche me glacent tout autant d'épouvante que les culottes de peau de l'autre bord, car je sais trop bien de quoi peuvent être capables les thuriféraires de ces massacreurs. Or, si la néogauche n'est pas la gauche, si elle n'en est que la caricature totalitaire, c'est en raison de son idolâtrie de l'idéologie. Elle dit vouloir faire l'histoire mais, en réalité, elle s'acharne à la défaire.

3.

Un salmigondis idéologique

Comme Jean Jaurès, comme Léon Blum, comme Pierre Mendès France, comme François Mitterrand, la social-démocratie croit à la nation. En revanche, l'extrême gauche la combat. Pourquoi les pères du socialisme français se réfèrent-ils à la nation ? Parce qu'elle est le ciment qui permet à des peuples différents de vivre pacifiquement, avec un projet commun, sur un même territoire. C'est, rappelle Léon Blum à de nombreuses reprises, une grande idée issue de la Révolution française. La nation est de gauche, mais pas d'extrême gauche.

Pour revenir aux origines, les peuples de l'Ancien Régime « appartenaient » à la couronne. Les femmes et les hommes des siècles anciens étaient attachés à des provinces dont Dieu avait confié le destin au roi de France. S'ils vivaient ensemble, c'était par la volonté divine et celle du souverain.

Et puis, le 21 septembre 1792, la monarchie a été abolie. Pourquoi les peuples qui faisaient la France n'ont-ils pas, alors, été poussés ailleurs par une force centrifuge ? La Bretagne aurait pu, en effet, revendiquer son indépendance, la Lorraine rejoindre l'empire des Habsbourg et la Corse rappeler au pouvoir Pascal Paoli qui venait de rentrer triomphalement dans son île natale. Pourquoi les Français sont-ils restés unis ?

Parce qu'ils avaient une langue commune, vous diront certains simplistes. Si les élites citadines de toute la France pratiquaient en effet le français, la majorité des populations parlaient des langues vernaculaires : les Alsaciens l'alémanique, les habitants du Roussillon le catalan, les gens de Limoges le poitevin et ceux de Clermont-Ferrand l'auvergnat. La France du XVIIIe siècle était une mosaïque dialectale.

Si les Français sont restés ensemble, c'est en raison de leur cohérence ethnique, affirmeront d'autres. À l'époque comme aujourd'hui, il n'y avait pas plus divers que les peuples de France. Allez vous balader entre Deauville et Honfleur, et regardez les gens. Promenez-vous dans les rues de Perpignan ou dans les venelles du vieux Nice, et faites de même. Vous serez surpris, sur la côte normande, par la persistance blonde aux yeux bleus des autochtones dont les aïeux ont débarqué du Danemark il y a près de 1 200 ans. À l'opposé, nos Catalans cousins des Barcelonais sont des descendants de Wisigoths métissés avec des gens venus de la Péninsule arabique ou d'Afrique du Nord. Quant aux Piémontais des Alpes-Maritimes, ils ont le même hâle et les mêmes cheveux de jais, sans parler de cette jovialité latine, que les Piémontais de Turin. Bien avant les quatre dernières décennies migratoires, la France était déjà une mosaïque ethnique.

Ce qui a soudé nos peuples après la chute de l'Ancien Régime, c'est tout autre chose. C'est d'abord l'histoire qui se manifeste sous deux aspects au moins. Le premier relève de l'habitude prise par les Français de bénéficier d'une sécurité au quotidien. Une France pacifiée par la monarchie – qu'on se souvienne, *a contrario*, des guerres de Religion et de la Fronde – ne laissera pas l'une de ses provinces prendre les armes contre les autres. C'est l'assurance, malgré l'insécurité relative des routes, que l'on peut vivre sans trop de risque sur tout le territoire. Il y a la protection offerte par nos frontières aussi, la guerre de Trente ans étant encore dans les mémoires : les citoyens comme avant eux les sujets du roi attendent de la France qu'elle les défende contre l'ennemi extérieur. La nation tout entière se bat pour les siens : on ne veut pas mourir pour Dantzig, mais on est prêt à le faire pour Strasbourg. D'ailleurs, cette attente est redevenue d'une actualité pressante depuis l'invasion de l'Ukraine, parlez-en autour de vous.

Et puis l'histoire, c'est aussi la conscience diffuse de partager avec d'autres un long passé en commun, quand bien même il n'y avait pas, au XVIIIe siècle, d'école communale ni de manuel scolaire pour attiser ce ressenti. Mais peut-être que les traditions orales, répétées à la veillée, suffisaient pour faire vivre ce qui n'était pas encore, à proprement parler, un roman national. Car par-delà les siècles était restée très vive la mémoire effrayée de certains épisodes guerriers, comme les massacres de protestants et de catholiques, ou les exactions du Prince Noir dans le Languedoc. Ces 1 500 ans d'histoire de France contribuent à forger un imaginaire commun aux habitants de notre pays. Qui n'a pas frémi, enfant, à l'évocation de Vercingétorix jetant ses armes aux pieds de Jules César ? Je me demande parfois si, de nos jours, le succès d'*Astérix et Obélix* n'est pas le reflet de notre passé commun collectif et même si ces héros de papier ne contribuent pas, en retour, à renforcer le sentiment d'appartenance à la nation.

Lorsqu'avec la Révolution française s'effondre la soumission à l'ordre monarchique, la figure du souverain cesse d'unifier les peuples du royaume. Avec l'histoire, un faisceau d'attractions assez ténébreuses prend alors la relève, consolidant cet assemblage humain déjà ancien. Les régions échangent les mythes qui les ont façonnées, des Saintes-Maries-de-la-Mer aux enchantements de Brocéliande, en passant les légendes dérivées de chansons de geste comme celle de Roland de Roncevaux. Tout un petit peuple de sorcières, d'elfes, de magiciens, de nains et de géants, de loups-garous, d'animaux plus ou moins fantasmés par les peurs ancestrales animent les rêves, les récits, les folklores de ce vieux pays. Ceux-là sont des nôtres, sont bien à nous, comme l'Écosse a ses fantômes et ses monstres lacustres, l'Allemagne ses valkyries et ses chevaliers teutoniques, l'Arabie ses djinns et l'Afrique ses griots.

Les cultures populaires – tauromachie dans le Sud, carnavals au Nord, aventures marines à l'Ouest ou expéditions montagnardes à l'Est – dessinent une France à laquelle s'identifient ses habitants. La géographie s'en mêle : on célèbre les falaises du pays de Caux, les sommets pyrénéens, le cours impétueux du Rhône et celui, alangui, de la Loire, les plages atlantiques de sable fin et les galets noirs du cap Corse.

Enfin, nos villes et nos villages ont façonné les Français à leur manière, qui n'était pas celle des villes et des villages d'Italie ou d'Angleterre : c'était aussi l'une des raisons pour lesquelles les caractères des trois peuples étaient si différents. Chacun possédait également ses palais, ses châteaux et ses forteresses, et nous possédions les nôtres. Le patrimoine appartenait à nos aïeux de ce siècle autant qu'eux-mêmes lui appartenaient. La France avait ses abbayes, elles étaient cisterciennes, bénédictines, clunisiennes ; elle avait ses cathédrales romanes ou gothiques. Deux siècles après la Saint-Barthélemy, le catholicisme dominant marquait profondément le pays de son empreinte.

C'était tout cela, les ferments de notre nation naissante. Cela et bien plus encore... Parce que les idées nouvelles pénétraient les populations de l'Europe depuis plus d'un siècle. Les Lumières, sans quoi la Révolution n'aurait pas été possible, s'étaient sourdement diffusées dans les esprits. Les Français n'avaient pas lu Descartes et pas davantage Voltaire, mais une aspiration à la liberté individuelle et à l'égalité des droits s'était peu à peu imposée. La nation faisait un rêve.

Notre histoire a connu bien d'autres turbulences depuis ces origines. Les peuples qui l'ont faite ont été enrichis par d'autres apports humains, liés à une immigration qui s'est accélérée. Des populations venues de l'Est – Polonais catholiques, Juifs d'Europe centrale – se sont jointes à des communautés latines, italienne, espagnole, portugaise pour se fondre dans le grand ensemble. Elles ont été suivies par des gens venus de la Méditerranée, d'une religion différente puisque musulmans, puis par d'autres groupes humains issus d'Afrique francophone ou encore d'Asie, principalement du Vietnam et de Chine. Le « riche legs de souvenirs » possédé en commun dont Ernest Renan parle dans son discours à la Sorbonne de 1882 – *Qu'est-ce qu'une nation ?* – s'est encore accru.

La modernité a beaucoup complexifié notre héritage mémoriel commun. Les descendants des masses paysannes et des citadins souvent miséreux de l'Ancien Régime ont eu pour la plupart accès à la culture. Avec l'école, le cinéma et la télévision, notre histoire la plus ancienne est connue. La littérature s'est démocratisée, la musique est beaucoup plus présente, l'information disponible, les réseaux racolent tout le monde. Les imaginaires sont bouleversés.

La présence de populations de continents, de cultures, de religions et d'histoires différents de ceux des origines complique aussi la donne. Quel « riche legs de souvenirs » peuvent partager un natif du Quercy et un compatriote originaire de Dakar qui vient tout juste d'être naturalisé ? Et pourtant, une étrange théurgie a fabriqué un imaginaire sénégalais de la France de même qu'un imaginaire français du Sénégal qui ne sont ni l'un ni l'autre post-coloniaux. Je le sais pour les avoir rencontrés. Rien n'empêche donc un enfant de parents sénégalais de s'approprier l'histoire de son pays d'adoption, quand bien même ses ancêtres biologiques n'auraient pas vécu sur ce territoire. Pour le comprendre, il suffit de voir le nombre de jeunes d'origine africaine ou maghrébine qui servent dans l'armée tricolore. La nation n'a rien à voir avec la biologie : c'est dans l'approche hitlérienne qu'elle était une affaire de gènes. Ernest Renan le disait lui-même en son temps : « L'homme n'est esclave ni de sa race, ni de sa langue, ni de sa religion, ni du cours des fleuves, ni de la direction des chaînes de montagnes. »

La nation est un concept mouvant, une alchimie de consciences en perpétuelle évolution. Les plus anciens savent que celle dans laquelle ils sont nés n'est plus tout à fait la même à l'automne de leur vie. Ceux qui connaissent un petit peu l'histoire des États-Unis sont bien conscients que la nation américaine d'avant les droits civiques n'aurait jamais élu le président Obama. Et puis, moi qui ai atteint la majorité après l'élection de François Mitterrand, je me souviens de la réprobation quasi unanime que les gays devaient affronter à l'époque, y compris à l'intérieur des partis de gauche. C'est bien sûr à leur combat courageux et à l'abolition des dernières discriminations légales par le président socialiste qu'ils doivent d'être sortis de cette clandestinité. Ensuite, l'évolution des mentalités françaises, y compris dans les milieux de droite, a fait le reste. C'est ainsi que les homosexuels condamnés à l'échafaud sous l'Ancien Régime et toujours frappés d'opprobre pendant les siècles suivants ont pris toute leur place au sein de la nation.

Il a existé des États dont les ressortissants n'avaient pas ce solide bagage culturel et imaginaire en commun, ou tout du moins ce qui pouvait constituer un dénominateur commun assez conséquent pour avoir le désir de vivre ensemble. Ces États n'étaient que des constructions juridiques artificielles. Ces pays que n'habitait pas une nation se sont délités, parfois sans drame, comme la Tchécoslovaquie, et parfois aussi à l'issue de terribles guerres civiles, comme la Yougoslavie.

En revanche, une large majorité des populations présentes dans l'Hexagone exprime le désir de continuer à vivre ensemble. L'assassinat d'Yvan Colonna à la prison d'Arles a certes réveillé un séparatisme corse, mais la plupart des insulaires veulent rester dans la République française tout en bénéficiant d'un statut d'autonomie élargi qui est déjà celui d'autres îles, comme l'archipel de Polynésie et la Nouvelle-Calédonie. Quant aux islamistes, ils s'activent pour que les banlieues populaires, où d'importants contingents d'immigrés se trouvent concentrés, choisissent elles aussi de faire sécession. Inutile de se mentir : ces manœuvres laissent des traces. Malgré tout, la nation résiste et s'adapte aux changements qui affectent la vieille civilisation française. C'est en ce sens qu'elle est un « plébiscite de tous les jours », selon l'expression célèbre d'Ernest Renan.

Les sociaux-démocrates restent attachés à cette valeur profondément républicaine. Ils ne sont évidemment pas les seuls. C'est en ministre du général de Gaulle qu'André Malraux l'a qualifiée de « donnée invincible et mystérieuse qui allait emplir le siècle » lors du transfert au Panthéon des cendres de Jean Moulin. Je pense comme lui que la nation dominera comme dans les années quarante les doctrines totalitaires dont retentit de nouveau l'Europe et qu'elle est le moyen de garantir la survie de la France pour les siècles à venir.

S'il n'était pas gaulliste, Mitterrand n'en croyait pas moins à la nation. Très profondément. Lorsqu'en janvier 1995, s'exprimant en plein conflit yougoslave devant le Parlement européen, il affirme que « le nationalisme, c'est la guerre », le Président socialiste ne fait pas de confusion entre les deux termes. Le nationalisme, il l'a vu s'enflammer dans les années trente et l'a combattu en 1940. La nation à laquelle il croit, c'est celle de Jean Jaurès, l'aspiration commune à garantir les droits de tous les individus. Elle n'est aucunement fondée à imposer ses propres valeurs à quelque autre peuple que ce soit, mais tout à fait disposée à traiter d'égal à égal et dans le respect qui leur est dû avec les autres nations. La nation française, la nôtre, aujourd'hui, n'affirme aucune supériorité ni ne manifeste de sentiment xénophobe ou raciste.

Parce qu'elle aime les slogans, l'extrême gauche prétend que se référer à l'existence d'une nation conduit immanquablement au nationalisme. Cette approche simpliste serait une réaction des années soixante à la flambée dans toute l'Europe des mouvements nationaux qui ont provoqué la Seconde Guerre mondiale. Cela ne l'empêche pas d'être fausse. L'hostilité à la nation est aussi une conséquence du mondialisme pacifiste qui a séduit les baby-boomers dans ces années-là. Le mouvement hippie puis l'idéologie soixante-huitarde ont ringardisé la nation, considérée comme le symbole ranci d'une France conservatrice. L'altermondialisme des années quatre-vingt-dix, la mondialisation libérale, mais aussi la construction européenne se sont nourris du même sentiment.

Et enfin, il y a l'internationalisme : « L'Internationale sera le genre humain. » Vous vous souvenez ? Il y a eu la Première, puis la Deuxième Internationale, celle des socialistes qui s'est fracassée sur la guerre de 1914, le sentiment national l'emportant d'emblée sur la conscience de classe. Il n'y avait pour autant pas de quoi décourager les dirigeants bolcheviques, lesquels ont créé la Troisième Internationale, la structure qui a permis à Lénine, Staline et consort de diriger depuis Moscou les partis communistes du monde entier. Le

Komintern a officiellement été dissous en 1943 pour céder la place au Kominform, avatar du précédent.

Last but not least, on a vu Léon Trotski fonder la Quatrième Internationale à Périgny-sur-Yerres, un village du Val-de-Marne. En ce jour historique de septembre 1938, les masses révolutionnaires étaient assez étiques, vu que les délégués fondateurs eurent à se réunir dans une grange prêtée par l'un de leurs militants. Cela n'a pas empêché l'Internationale trotskiste de faire florès avant de connaître une kyrielle de scissions. De ruptures en refondations, le dernier groupuscule affilié à la Quatrième Internationale est le courant dit « lambertiste », un groupe auquel a appartenu le camarade Mélenchon.

Toute cette histoire est partie d'un « mot d'ordre » de Karl Marx, considéré comme Dieu le Père : « Prolétaires de tous les pays, unissez-vous ! » Que voulait-il nous signifier par ces mots, le saint apôtre ? Que les individus, dans le monde entier, n'avaient qu'une seule identité : celle que leur désignait leur « appartenance de classe ». Et là, c'était dual, comme l'algèbre de Boole : soit ils étaient exploités, donc prolétaires, soit ils étaient exploiteurs, donc bourgeois. Facile, non ? Partant, il n'y avait plus – du moins, parmi les premiers – ni Allemands, ni Britanniques, ni Français, mais uniquement des prolétaires. Il fallait donc abandonner la nation à la bourgeoisie capitaliste, d'autant que ce concept dégageait un fumet fasciste, ajouteront les épigones de Marx dans les années 1930. Comme le

XIXe siècle venait de faire éclore les premières démocraties d'après l'absolutisme monarchique, il était inévitable que leur antithèse politique apparaisse avec elles. À la nation, enfant de la Révolution française, théorisée par Ernest Renan, allait donc s'opposer cette Internationale, inventée par l'exact contemporain barbu du philosophe français.

La Troisième République s'efforçant de consolider la nation, son antonyme n'allait pas tarder à s'inviter dans le réel. Ce sera chose faite en 1922, quand Lénine et consorts remplacèrent la Russie par l'URSS. Dès lors, les Russes n'étaient plus des Russes, mais des Soviétiques. Le mot *soviet* signifiant « conseil », les Russes sont soudain devenus des « conseillers ». On imagine le dialogue à la frontière : « Quelle est votre nationalité ? – Conseiller ». Et les Ukrainiens ? Pareil, conseillers. Les Arméniens, les Géorgiens, les Lituaniens ? Conseillers. Les gens de quelque 130 ethnies colonisées par l'empire russe étaient tous devenus des conseillers. La mauvaise blague a duré trois quarts de siècle, puis plusieurs peuples ont réussi à reprendre leur nationalité dès décembre 1991, lorsque l'URSS s'est effondrée. Devenus à leur tour communistes en 1949, les Chinois se sont bien gardés de devenir conseillers ou de se doter d'une nationalité d'hurluberlus. Ils sont restés chinois, preuve que leur qualité de prolétaires n'était pas l'alpha et l'oméga de leur identité.

Les Russes, les Chinois, et nous, et nous, et nous... Que nous raconte notre extrême gauche à ce propos ?

En gros, elle reste accrochée à la ligne Troisième/Quatrième Internationale. Mais Jean-Luc Mélenchon n'a pas oublié que François Mitterrand, son autre mentor, la célébrait lui aussi, la nation. Alors, il louvoie, balance, ménage la chèvre et le chou en défendant à la fois la nation et l'Internationale. « Nous ne sommes pas une nation fondée sur l'ethnie, sur la race ou, que sais-je encore, la religion, mais sur un pacte politique, que nous pouvons partager avec la terre entière... liberté, égalité, fraternité, c'est comme la pénicilline, c'est valable pour tout le monde et pas seulement pour ceux qui l'ont inventé », déclare-t-il un jour de 2016 devant une assemblée de militants.

Mélenchon laisse entendre d'abord que d'autres que lui – sous-entendu : « tous les autres » – fondent la nation sur « la race », ce qui correspond à peu près uniquement à l'approche hitlérienne du concept. Mais qui en France prétend cela ? Personne. Pas même l'épouvantail Zemmour dont l'érudition, à ce propos, ne risque pas d'être prise en défaut. C'est seulement une astuce oratoire de la part du *lider minimo*.

Le propos s'apparente donc à un syllogisme. Première prémisse : la nation française se fonde uniquement sur sa devise. Deuxième prémisse : les notions de liberté, d'égalité et de fraternité sont recevables par tous les peuples de la planète. Conclusion : l'humanité tout entière a vocation à être française. Euh, non...

Comme cela arrive souvent avec les syllogismes, cette déduction est fausse. D'ailleurs, n'allez pas dire aux

Haïtiens qu'ils sont français, car ils sont attachés à leur identité haïtienne. Et pourtant, ils ont la même devise que nous. Quel Français sera d'autre part en désaccord avec « Unité, Droit et Liberté » ? Pas grand monde. Il s'agit de la devise de l'Allemagne et, malgré toute l'estime que j'ai pour nos cousins germains, je ne me sens pas allemand. Qui trouverait quelque chose de choquant à « L'unité dans la diversité » ? C'est la devise de l'Afrique du Sud. « Dans l'union et la liberté » ? Il s'agit de celle de l'Argentine. Qui s'oppose à « Progrès, paix, prospérité » ? Personne et nous ne sommes pas Gambiens. « Liberté et justice » ? Tout à fait d'accord avec ces principes, ce qui ne suffit pourtant pas à faire de nous des Ghanéens.

La France n'est pas un espace, un territoire, un bout de désert perdu dans l'immensité blanche des terres australes ou océaniques. La France est une histoire entreprise par des peuples qui se sont rencontrés il y a quinze siècles. La France est une nation, grande, belle et généreuse avec tout son peuple, avec ses autochtones et ses arrivants, dont personne ne prétend disposer. La France est un projet que rêvent ensemble tous ses enfants. La France est un roman que chaque génération continue d'écrire. La France est une nation toujours recommencée.

C'est cela, l'héritage de la social-démocratie. Toute vision qui exclut, qui rejette, qui injurie, qui oppose les populations les unes aux autres, est incompatible avec ses fondamentaux. La fameuse « insoumission » dont on se vante est une fronde contre les principes mêmes de la nation française.

4.

Des expériences gouvernementales qui tournent au bain de sang

Je sais bien ce qu'on va me dire. Que le Venezuela, ce n'est pas un bain de sang. À peine quelques dizaines de manifestants tombés sous les balles de Chávez, plus quelques milliers abattus par les sbires de Maduro. Donc, pas vraiment un bain. L'ONU parle tout de même de « crimes contre l'humanité ». L'organisation internationale dénonce en particulier les « exécutions extrajudiciaires » auxquelles se livre le régime, le gouvernement ayant déclaré que 5 287 Vénézuéliens avaient été tués en 2018 pour « résistance à l'autorité » au cours d'opérations de sécurité. Le régime de Nicolás Maduro a ajouté que 1 569 autres avaient subi le même sort au cours des quatre premiers mois de 2019. Ce sont les seuls chiffres officiels dont dispose l'ONU.

Pour résumer, 6 856 personnes ont donc été abattues en seize mois, soit deux fois plus qu'au Chili pendant les seize années qu'a duré la dictature d'Augusto Pinochet. Autrement dit, il faut s'attendre au pire, le tyran étant au pouvoir depuis dix ans. Les ONG sont d'ailleurs très inquiètes elles-mêmes. Amnesty International, qui n'est pas une association classée très à droite, évoque également des exécutions extrajudiciaires, sans parler des actes de torture et des crimes sexuels. Mais pour LFI, le satrape bolivarien à la moustache reste un modèle.

La vérité, c'est que depuis un peu plus d'un siècle, ça a toujours basculé dans l'horreur. Partout où cette gauche a accédé au pouvoir, des populations entières ont été arrêtées, embastillées, déportées, affamées, massacrées. Dans tous les coins de la planète, sous tous les climats, à toutes les époques. Et comment pourrait-il en être autrement ? Toutes les idéologies totalitaires défendent une interprétation du monde qui conduit inexorablement à l'affrontement entre « peuple souverain » et « peuple maudit », à la guerre civile et à l'extermination. Cette monstrueuse évidence s'est réalisée tout au long de l'histoire et continuera de s'imposer dans le futur.

L'approche de la société en termes de « races » – race supérieure dont l'existence même serait menacée par des races inférieures – a conduit les nazis à exterminer les peuples juif, tzigane et slave dans leurs usines de la mort. Et quand ce n'est pas la race, c'est Dieu que l'on invoque pour mieux massacrer. Les régimes théocratiques pour qui il existe une unique bonne religion n'hésitent pas à persécuter tous ceux dont les convictions sont jugées mauvaises. Ici, les sunnites parce qu'ils ne sont pas chiites, ailleurs les chiites parce qu'ils ne sont pas sunnites. C'est aussi le cas des Hazaras dont les membres sont considérés en Afghanistan comme de mauvais musulmans, ainsi que je l'ai récemment découvert à la suite d'un attentat meurtrier dans le quartier de Kaboul où réside cette communauté minoritaire. N'oublions pas non plus les Yézidis, réduits en esclavage, abusés sexuellement et massacrés par Daesh. Et, évidemment, les chrétiens d'Orient poussés à l'exode.

L'analyse marxiste qui sert toujours de soubassement idéologique à nos extrêmes gauches est une vision du monde qui a systématiquement conduit aux mêmes abominations. Quand la nation s'efforce de rassembler, trouve des compromis, refuse les antagonismes, les doctrines d'extrême gauche font le tri parmi les hommes, armant les « bons » pour écraser les autres. Quelle bourgeoisie détentrice des moyens de production et exploiteuse des masses laborieuses était censé affronter le coup d'État du 7 novembre 1917 à Saint-Pétersbourg ? La vérité est plus triviale. La Grande Guerre, voulue par l'Allemagne de Guillaume II, avait provoqué la chute d'un tsar autocrate puis fragilisé le gouvernement social-démocrate d'Alexandre Kerenski. Quelques bataillons de fusiliers marins harangués par Trotski en avaient profité pour renverser ce pouvoir chancelant, permettant aux bolcheviks d'instaurer leur dictature. Dès lors, une terrible guerre civile allait opposer les troupes du nouveau gouvernement communiste à tous les Russes qui refusaient le putsch de Petrograd. Après 2 millions de morts dus au conflit avec l'Allemagne, cette guerre civile a fait au bas mot dans les 4,5 millions de victimes, dont quelques centaines de milliers de personnes exécutées.

Dix ans plus tard, c'est l'Holodomor, mot qui signifie « famine » en ukrainien. La collectivisation des terres est l'occasion pour Staline et sa clique de confisquer les récoltes et d'affamer des paysans qui refusent de rejoindre les kolkhozes. La police secrète met en place des barrages armés pour refouler les populations qui veulent fuir cet enfer. Les gens meurent sur les trottoirs de Kharkiv, ville encore martyrisée tout récemment par Poutine. On assiste à des scènes de cannibalisme. Entre 1932 et 1933, l'URSS exporte 3,3 millions de tonnes de céréales et entraîne, dans le même temps, la mort par la faim de 5 millions d'Ukrainiens. D'autres contrées de l'URSS sont soumises à la famine, ce qui provoque 2 millions de morts supplémentaires, dont 1,5 million au Kazakhstan. Au total, cette monstruosité fait 7 millions de victimes. Plus de trois fois la population de Paris, huit fois celle de Marseille.

Vous souvenez-vous aussi des Grandes Purges de 1936 et 1937 dont beaucoup d'entre nous ont au moins entendu parler en cours d'histoire ? Le régime communiste, que la plupart des intellectuels de gauche, en France, défendent et vénèrent comme l'avènement d'un monde meilleur, utilise alors à grande échelle l'emprisonnement, la torture, la déportation et la peine de mort pour éliminer quelques adversaires politiques de Staline et surtout un certain nombre d'ennemis, espions, traîtres parfaitement illusoires. N'empêche qu'en deux ans, 681 692 personnes sont exécutées pour « crime contre l'État », tandis qu'entre 1 196 369 et 1 881 570 d'autres sont envoyées au Goulag. Mais ce ne sont que les chiffres officiels. L'historien Robert Conquest, spécialiste mondialement reconnu de la question, estime que la Grande Terreur aurait entraîné au moins 6 millions d'arrestations, 3 millions d'exécutions et 2 millions de morts en déportation. Vous avez bien lu : 5 millions de personnes assassinées.

Ceux d'entre nous qui ont atteint la majorité dans les années soixante-dix ne peuvent pas avoir oublié le Goulag, acronyme soviétique de *Glavnoe oupravlenie ispravitelno-trudovykh Lagerei* qui désignait la Direction centrale des camps de travail forcé en Union soviétique. On s'en souvient parce que *L'Archipel du Goulag*, un livre d'Alexandre Soljenitsyne sorti clandestinement et publié à Paris en 1973, a eu un retentissement mondial. Quoique la bureaucratie de l'URSS fût particulièrement tatillonne, on ne dispose pas de statistiques précises ; certains historiens estiment toutefois que 20 millions de personnes ont pu séjourner au Goulag, dont 4 millions y ont trouvé la mort.

Voilà quelques chiffres pour rappeler aux amnésiques le bilan morbide des régimes d'extrême gauche. Permettez-moi seulement une pensée compassionnelle pour le pauvre peuple qui a été massacré tout au long du XXe siècle par les deux totalitarismes de l'époque, celui de la pureté aryenne et celui de la société sans classe. Combien de dizaines de millions de martyrs ? On n'en sait rien. Trente ans après la disparition de l'URSS, les défenseurs de l'indéfendable sont nombreux à avoir des pudeurs de rosière quand on renvoie dos à dos le nazisme et le communisme.

Vassily Grossman n'a pas eu d'hésitation, malgré les menaces du régime dans lequel il vivait. L'immense écrivain russe d'origine juive et ukrainienne est témoin, à Moscou, de la Grande Terreur, qui d'ailleurs manque de l'emporter, avant de se faire correspondant de guerre pour *L'Étoile rouge*, le journal de l'armée soviétique, couvrant la bataille de Stalingrad, celle de Koursk, la libération des camps de Maidanek et de Treblinka, puis la chute de Berlin. Il établit clairement un parallèle entre les deux totalitarismes dans son chef-d'œuvre, *Vie et Destin*, un roman magistral dans lequel il écrit : « Ce qui se jouait c'était le sort des Juifs, que l'Armée rouge avait sauvés, et sur la tête desquels Staline s'apprêtait à abattre le glaive qu'il avait repris des mains de Hitler, célébrant ainsi le dixième anniversaire de la victoire du peuple à Stalingrad. »

Lisez *Les origines du totalitarisme* d'Hannah Arendt, et particulièrement le troisième tome de cette œuvre où elle se penche sur le système totalitaire. Il s'agit de régimes qui recherchent la domination totale, sans limite, qui exercent une mainmise sur l'ensemble des activités de la société. L'idéologie est accessoire, qu'elle soit de droite ou de gauche importe peu. La philosophe américaine, Allemande d'origine juive, compare l'hitlérisme au stalinisme, et rapproche le communisme du nazisme. Gênées aux entournures, les deux extrêmes contestent évidemment son analyse lumineuse, la néogauche au prétexte qu'elle a confié la direction de sa thèse à Martin Heidegger dont, de surcroît, elle a été la maîtresse, le métaphysicien et phénoménologue ayant pris par carriérisme sa carte au NSDAP, etc. Mais les faits restent têtus.

Les assassinats de masse, la barbarie... On ne vous parle pas ici de la violence au quotidien. Parce que le système soviétique, c'est trois quarts de siècle sous la terreur. Après, certains ont été tentés de rejeter la responsabilité de cette monstruosité sur le seul Staline. Culte de la personnalité, selon ses successeurs, dérive bureaucratique, diront les trotskistes. On a même convoqué les mots de son prédécesseur au sommet de cette dictature criminelle, le testament de Vladimir jugeant Joseph « trop brutal ». Staline disparu, il a été bien commode d'enterrer avec lui les questions gênantes. Les interrogations sur la nature du communisme ? Cimentées dans le mur du Kremlin avec la tombe vide du petit père des peuples... Ses thuriféraires continuent d'affirmer *urbi et orbi* que l'idéologie n'est pas en cause, que le régime n'est pas responsable, que ses fondateurs ne sont pas coupables, comme si les historiens n'avaient pas démontré depuis l'ouverture des archives soviétiques que cette abomination avait commencé dès 1917, qu'elle avait été mise en place par Lénine, Trotski et consorts.

La Chine, c'est encore pire. Ses dirigeants ont réussi à battre le sinistre record soviétique. Là-bas aussi, le désastre humain a commencé dès les premiers temps du régime. La « République populaire » proclamée le 1er octobre 1949, une réforme agraire est aussitôt lancée qui se traduit, au bout de trois ans, par la mort d'1 à 4,7 millions de paysans. On n'en connaît pas exactement le bilan car, dans ces régimes dominés par le mensonge d'État, on ne sait jamais la vérité, mais ce sont, comme en URSS, les petits propriétaires qui ont été assassinés, avec leur femme et leurs enfants.

Ensuite, les massacres ont succédé aux massacres : répression des « contre-révolutionnaires », campagnes des « trois anti » et des « cinq anti » (contre les « ennemis de l'État » et les capitalistes), mouvement Sufan (toujours les « contre-révolutionnaires »), campagne « anti-droitiste », répression du Tibet, grande famine de 1959-1961, « mouvement d'éducation socialiste » (violences liées à la relance du processus révolutionnaire), révolution culturelle.

Ça n'en finissait jamais. 1957 : craignant de perdre son autorité sur le parti, Mao Zedong lança la campagne des « Cent Fleurs » qui – officiellement du moins –

invitait les Chinois à critiquer le pouvoir pour l'améliorer. Mais les gens étaient tellement mécontents que la contestation déclenchée par Mao finit par ébranler son régime. Pris d'une peur légitime, le Grand Timonier déclencha aussitôt une répression féroce qui se traduisit par des centaines de milliers voire des millions de victimes. Dans le charnier à ciel ouvert qu'était devenue la Chine, le million de morts était devenu l'unité de compte. Pour faire court, les cent fleurs chinoises sentaient le cadavre en décomposition.

Combien le « Grand Bond en avant » fit-il de victimes ? Cette décision politique contraignant les paysans à produire du fer dans des espèces de minuscules hauts-fourneaux villageois, les activités agricoles s'effondrèrent. La famine ainsi provoquée tua entre 15 et 45 millions de personnes, dont apparemment 2,5 millions furent exécutées. On peut bien sûr établir une similitude avec les famines russes de 1921 et 1932, lesquelles avaient également résulté de la stupidité et de la cruauté du régime communiste.

Contesté dans les années suivantes par ses pairs du parti communiste chinois, Mao tenta une nouvelle fois de reprendre la main en lançant, avec ses partisans, la « grande révolution culturelle prolétarienne ». Cette nouvelle terreur, qui s'appuyait sur les « gardes rouges », une préfiguration des pasdarans iraniens, prétendait purger l'appareil de ses éléments « révisionnistes » et empêcher le retour du capitalisme sous quelque forme que ce soit. Alors on dénonça, on poursuivit, on condamna et on exécuta les cadres de l'État, les universitaires, les intellectuels, et autres « nouveaux mandarins ». Même Confucius (philosophe mort en 479 avant notre ère), Schubert et Beethoven furent pris à partie. Durant cette période, des massacres eurent lieu dans toute la Chine. Quel fut le bilan humain de cette révolution culturelle ? On n'en sait trop rien, comme toujours. L'historien Song Yongyi avance le nombre de 3 millions de morts, que son collègue Rudolph J. Rummel évalue pour sa part à 7,73 millions. Mais le général Ye Jianying, qui fut ministre de la Défense puis président de la République populaire, estime qu'il y a eu au moins 20 millions de victimes.

Fondée sur la lutte des classes et donc sur la nécessaire élimination d'une partie de la population par une autre, la doctrine marxiste-léniniste poursuit ses ravages. On est loin du concept, cher à la social-démocratie, de « nation » que la jeunesse française contemporaine de la révolution culturelle considère alors comme fasciste. Les étudiants de mai 1968 manifestent en brandissant le *Petit Livre rouge* et en scandant le nom de Mao. Ils défilent aussi derrière le portrait de Che Guevara, réclamant à cor et à cri l'instauration d'une dictature communiste alors que, dans le même temps, la jeunesse de Prague se bat pour la liberté. La première partira en vacances à Katmandou pendant que la seconde mourra, écrasée sous les chenilles des chars soviétiques. Les enfants du baby-boom européen, qui devaient se compter parmi les plus libres du monde, n'étaient pas toujours les mieux inspirés.

Si cette liste macabre n'a pas prétention à l'exhaustivité, elle serait incomplète sans le massacre de la place Tian'anmen. En avril 1989, les étudiants de Pékin, qui soutiennent les éléments les plus modérés du pouvoir chinois, alors en pleine confrontation avec les conservateurs, peut-être aussi inspirés par le miracle économique et la perestroïka de Mikhaïl Gorbatchev, réclament des réformes politiques. La principale place publique de la capitale, qui borde la Cité interdite, est un *happening* permanent. On harangue, on débat et en arrive même à parler de démocratie, voire de multipartisme. Malheureusement c'est la tendance conservatrice qui l'emporte au sein du parti, si bien que, le 4 juin 1989, l'armée écrase sous ses chars le mouvement.

Mais poursuivons notre tour du monde de l'histoire communiste. Pas d'exception, vous disais-je plus haut. Le Cambodge des Khmers rouges, rebaptisé Kampuchéa démocratique après la chute de Phnom Penh en 1975, adopte une ligne politique ultra-maoïste qui conduit le régime à déporter massivement sa population vers les campagnes et à en assassiner une proportion considérable. Les chiffres varient d'1,7 à 3,1 millions de morts sur une population de 7,9 millions, soit 20 à 39 % des habitants de ce petit pays asiatique.

Dans ce genre, la Corée du Nord n'est pas mal non plus. Tout à sa passion des missiles nucléaires, le régime ermite du camarade Kim Il-sung fait partie des rares pays des temps modernes, avec l'URSS du camarade Lénine, la Chine du camarade Mao et l'Éthiopie du camarade Mengistu, à avoir soumis sa population à une famine meurtrière. C'est curieux mais, dans les pays qui ne sont pas communistes, cela fait deux siècles et demi que les famines ont disparu. Celle qui a ravagé le pays des Kim dans les années quatre-vingt-dix aurait fait entre 900 000 et 2 millions de morts. Au pays du matin sanglant, on enferme beaucoup : les camps de concentration locaux hébergent entre 150 000 et 300 000 déportés, et cela a tendance à empirer. Les observateurs estiment en outre que les exécutions d'opposants et de personnes indésirables se chiffrent à plusieurs centaines de milliers depuis la fin de la guerre de Corée. On ne dispose malheureusement pas de données exhaustives sur le sujet, mais cela n'a pas empêché l'ONU, dont on connaît l'habituelle retenue diplomatique, de comparer, en mars 2014, les crimes de Pyongyang à ceux du Troisième Reich...

La répression a peut-être été moins féroce au Vietnam, quoiqu'on n'en sache rien. La nuit s'est brutalement abattue sur le Nord après la défaite française de Diên Biên Phu, mais certains historiens ont évoqué des centaines de milliers d'exécutions dans la paysannerie au moment de la collectivisation des terres. En 1975, d'autres assassinats auraient suivi la chute de Saïgon. Le gouvernement communiste aurait construit pas moins d'un millier de « camps de rééducation » pour déporter quelque 700 000 personnes. Dans les décennies suivantes, 2 millions de Vietnamiens ont réussi à fuir le pays sur des embarcations de fortune. On estime que 250 000 de ces *boat people* ont péri en mer.

Vous voulez qu'on parle de l'Éthiopie ? La « Terreur rouge » déclenchée en 1977 par le lieutenant-colonel Mengistu Hailé Mariam a sans doute fait exécuter 500 000 personnes, mais sa dictature qui s'est prolongée jusqu'en 1991 pourrait être responsable de la mort de 2 millions d'affamés. Après Mengistu, je pourrais vous parler des généraux Ne Win, Saw Maung, Than Shwe et Min Aung Hlaing qui ensanglantent depuis soixante ans la Birmanie au nom de je ne sais quel « socialisme des casernes ».

Un petit tour en Europe, parce qu'il ne faut pas oublier le Vieux Continent. En 1953, les ouvriers d'Allemagne de l'Est se soulèvent contre le gouvernement qui vient d'augmenter de 10 % le temps de travail sans contrepartie salariale. La répression fait des dizaines de morts et conduit à l'arrestation de 30 000 personnes, tandis que 3 millions d'Allemands passent à l'Ouest, sur une population de 19 millions. Cet épisode inspire au dramaturge Bertolt Brecht, pourtant communiste, un poème intitulé « La Solution ». On y lisait ceci :

Le peuple a par sa faute
Perdu la confiance du gouvernement
Et ce n'est qu'en redoublant d'efforts
Qu'il peut la regagner.
Ne serait-il pas
Plus simple alors pour le gouvernement
De dissoudre le peuple
Et d'en élire un autre ?

Trois ans plus tard, c'est le tour de la Hongrie de se rebeller. Khrouchtchev envoie l'Armée rouge qui fait 2 500 morts, arrête 26 000 personnes, en déporte des centaines en URSS, et procède à 350 exécutions. Dans la foulée, 200 000 Hongrois quittent leur pays. Dix ans passent encore, puis c'est la Tchécoslovaquie qu'écrasent les chars russes. La répression qui s'abat sur le pays pousse cette fois 400 000 ressortissants nationaux à l'exil. Nous pourrions encore parler de la Pologne de Solidarnosc dans les années quatre-vingt ou de la Roumanie du couple Ceaucescu, mais la coupe est pleine. Cette litanie morbide finit par donner la nausée.

Les communistes italiens l'ont-ils eue, la nausée ? En tout cas, le PCI, qui réunit 27 % des électeurs sur son nom en 1987, décide peu après d'abandonner les oripeaux communistes comme la dictature du prolétariat et la collectivisation des moyens de production. En 1991, il se convertit à la social-démocratie en reconnaissant l'économie de marché. Un parti communiste croupion subsiste dans la Botte qui, s'alliant aux autres sectes de l'extrême gauche transalpine, faisait récemment moins de 3 % des voix.

En France, la néogauche s'est pincé le nez lorsque les archives soviétiques se sont ouvertes, révélant l'ampleur des crimes commis par l'Union soviétique tout juste défunte. Un jour, un idiot m'a dit que le capitalisme avait assassiné davantage de gens. Avec quoi, des chars ? Tiens, je n'avais pas remarqué, lui ai-je répondu. Non, pas des chars, avec la violence sociale, a-t-il insisté. Si certains restent obstinément dans le déni, la plupart de nos concitoyens se sont massivement détournés du Parti communiste, comme en témoignent ses scores électoraux depuis la fin des années quatre-vingt. À la présidentielle de 2022, son représentant a réuni tout juste 2,28 % des suffrages sur son marteau et sa faucille. Certes, c'est toujours mieux que le 1,74 % de la candidate socialiste, laquelle ne portait pas la pensée de la social-démocratie, mais un brouet largement inspiré par l'extrême gauche. Mais comment refuser de voir que le communisme a cessé d'exister, ou qu'il s'est transformé en un avatar assez monstrueux ?

Beaucoup d'anciennes stars du « parti » ont pris le large. Charles Fiterman, Anicet Le Pors et Marcel Rigoud, trois des quatre ministres communistes de Mitterrand, l'ont quitté pour se rapprocher de la social-démocratie. Son leader emblématique des années 1990 et 2000, Robert Hue, a fondé une éphémère formation de centre gauche avant de soutenir

Emmanuel Macron. Ils ne sont évidemment pas les seuls à avoir ouvert les yeux. Beaucoup de militants les ont imités. D'autres pas. J'ai eu des colistiers communistes au sein de mon conseil municipal, à Sarcelles. Étaient-ils des idéologues, des défenseurs de la pensée et de l'œuvre de Lénine et de sa clique ? C'étaient plutôt des communistes d'habitude, de tradition familiale, attachés à soutenir une ligne « plus à gauche » dans l'union avec les socialistes et les radicaux. Je pense en particulier à Annie Péronnet.

Il n'est pas indifférent de savoir quels personnages de l'histoire contemporaine les camarades de la néogauche française accueillent dans leur panthéon personnel. Lénine, Trotski, Staline et Mao, qui figurent en bonne place dans leur sanctuaire imaginaire, ont mis en place les deux plus effroyables dictatures de tous les temps. Dans quelque mémoire collective qu'elle se trouve aujourd'hui, cette bande des quatre n'a pas loin, sans doute, d'une centaine de millions de morts sur la conscience. Il n'est pas inutile de s'en souvenir.

Avec la nouvelle dérive idéologique que la néogauche ajoute à ce terrible testament, c'est toutefois une autre partition qui est en train d'être jouée. Le plus inquiétant, ce ne sont d'ailleurs pas les programmes plus ou moins délirants de telle ou telle de ses composantes, d'autant qu'il n'y a aucun risque de les voir appliquer. Le danger, c'est la fascination qu'exerce l'islamisme sur certains membres de la néogauche, assez semblable à l'ensorcellement dans lequel le fascisme de Mussolini englua les socialistes déviants des années trente. La menace, c'est la stratégie du conflit permanent à laquelle appellent les partis et les syndicats du chaos. Le péril, c'est son obstination à aligner sa politique internationale sur celle de régimes dictatoriaux. Ma conviction, c'est l'apparition d'une nouvelle forme de totalitarisme sur la scène politique française. Et nous n'en sommes qu'au tout début.

5.

La gauche radicale a affamé sa population et détruit la nature

Voici cent cinquante ans, le salaire versé aux ouvriers de l'industrie naissante ne leur permettait pas de « reconstituer leur force de travail ». C'était ce que Karl Marx expliquait. Il avait raison. Les ouvriers se tuaient au boulot. La nourriture que la paye leur permettait d'acquérir était très inférieure en valeur à leur journée de labeur. Autrement dit, il fallait aux ouvriers bien moins que dix-huit heures de travail quotidien pour produire le pain qu'ils pouvaient acheter. La différence, la bourgeoisie, celle de la monarchie de Juillet ou du Second Empire, se la mettait dans la poche. Marx avait encore raison. Ce n'est pas là que sa pensée s'est fourvoyée.

Ce qu'implique le constat qui précède, on le sait : « Les philosophes n'ont fait qu'interpréter diversement le monde, ce qui importe, c'est de le transformer. » Le transformer, d'accord, mais pour en faire quoi ? Évidemment, des pays où les prolétaires mangeront à leur faim, auront des logements décents, seront soignés gratuitement et ne travailleront plus comme des esclaves, serait-on tenté de penser. Eh bien, pour le coup, c'est raté. Parce que « le paradis des travailleurs », comme l'appelaient les militants énamourés du Parti communiste du siècle dernier, s'est avéré un enfer bien pire encore que le capitalisme sauvage de la révolution industrielle : un univers concentrationnaire où vous vous faisiez arrêter, emprisonner et fusiller au bon vouloir d'une terrible police secrète, doublé d'un pandémonium où les travailleuses et les travailleurs faisaient la queue devant des magasins vides.

Dans ces pays, les prolétaires qui avaient la chance d'échapper au peloton d'exécution avaient de fortes chances de mourir de la famine : 3 % de la population soviétique a disparu de cette manière en 1932 et 5 % de la population chinoise en 1960. Une autre disette en URSS, inconnue à l'Ouest et révélée par l'ouverture des archives après la chute de l'Empire rouge, a fait 1,5 million de victimes en 1946-1947. Elle est également la conséquence d'une décision politique, les autorités soviétiques ayant décidé de constituer des réserves pour nourrir sa bureaucratie policière plutôt que de venir en aide aux nécessiteux. Ce sont des vieilleries, m'objecteront certains. À ceux-là, je voudrais seulement rappeler que la dernière famine française remonte à 1709 et qu'elle est due à un hiver rigoureux, pas à l'incompétence économique ou à la volonté criminelle d'un gouvernement.

Le système communiste qui s'installe en 1917 sur les décombres de la Russie tsariste a donc pour priorité officielle de nourrir sa population. « Mission accomplie », nous ont claironné sur tous les airs les gogos des années vingt et trente. Les gobe-mouches ont encore un peu chanté dans l'après-guerre, mais le mensonge commençant à craqueler, la vérité a fini par s'imposer : un demi-siècle après la révolution d'Octobre, le communisme était incapable de subvenir aux besoins les plus élémentaires des masses soviétiques.

Cette impéritie s'est manifestée dès les premiers temps du régime, Lénine faisant fusiller en mars 1919 les ouvriers qui se mettaient en grève et défilaient contre la vie chère. En 1921 et 1922, une première famine a ravagé le pays, faisant 5 millions de morts. « Pas du tout, c'étaient des victimes de la guerre civile », se sont justifiés les historiens marxistes, lesquels nous ont évidemment pris pour des billes, la disette meurtrière dont il est question ayant commencé après les hostilités. Sa cause première était une sécheresse qui a réduit les récoltes à peau de chagrin, en conséquence de quoi Lénine a envoyé sa police secrète piller ces maigres récoltes pour nourrir les villes, abandonnant les paysans – les « koulaks » – à leur dénuement sous prétexte qu'ils étaient « arriérés », « illettrés » et « superstitieux » (c'est-à-dire croyants). Dans la foulée, ce grand défenseur des plus démunis a refusé l'aide internationale en avançant qu'un « État révolutionnaire » n'avait pas à se faire aider par des « États impérialistes ». Il a tout de même lancé un appel auquel a répondu le Parti communiste allemand en créant le Secours ouvrier international. Mais l'aide ainsi récoltée et acheminée vers l'URSS a d'abord été distribuée aux citadins, plus susceptibles de menacer la dictature rouge dans ses sanctuaires urbains.

Cette monstruosité a entraîné une conséquence inattendue et somme toute positive appelée la NEP (nouvelle économie politique). Craignant que le communisme de guerre n'anéantisse son Union soviétique et ne nuise à l'image de son régime, Lénine s'est en effet empressé de faire machine arrière, libéralisant de nouveau l'économie dans l'espoir de faire repartir la production de biens alimentaires. Selon l'homme à la barbiche, il s'agissait seulement « d'accorder au capitalisme une place limitée pour un temps limité ». La production céréalière redémarra, retrouvant son niveau d'avant la Grande Guerre, tandis que l'industrie, toujours soumise à l'ordre communiste, restait en pleine déconfiture. Mais l'embellie fut de courte durée, car en 1928, Staline, qui avait succédé à Lénine, remplaça la NEP par la planification centrale. La deuxième grande famine soviétique pouvait commencer.

D'autres n'allaient pas tarder à suivre, en conséquence de décisions tout aussi absurdes et meurtrières, parce que ce régime a tout de même collectionné les imbécillités. Le petit père des peuples qui savait montrer une redoutable efficacité dans l'art de décapiter son armée – en faisant fusiller 26 000 officiers, dont la plupart des généraux, lors des Grandes Purges qui allaient permettre aux divisions hitlériennes d'arriver aux portes de Moscou – ainsi que dans la manière de déporter ses concitoyens, ne pouvait être moins performant dès lors qu'il s'agissait de désorganiser l'agriculture soviétique.

Voilà pourquoi « le génial Staline », comme l'appelaient ses flagorneurs français, fit confiance à Trofim Lyssenko. Également qualifié de « génial », le généticien, qui avait trouvé ses diplômes dans une pochette-surprise, inventa la « vernalisation », une technique agricole supposée quadrupler les rendements céréaliers en exposant les semences à une forte humidité et à une faible température. Tiens donc ! Si cette théorie sortait d'un cerveau soviétique, plaidait Lyssenko, c'est tout simplement parce qu'elle était le fruit de la science prolétarienne par opposition à la science bourgeoise occidentale. Il va de soi qu'une pareille idiotie ne pouvait que séduire le comité central. On l'appliqua donc, et ce fut un désastre.

Les Russes étaient en droit d'espérer que la mort de Staline aurait des effets positifs sur l'approvisionnement des magasins d'alimentation. D'autant que son successeur Nikita Khrouchtchev se faisait fort de remettre l'agriculture sur ses rails. En 1962, il prétendit même que l'URSS allait « bientôt dépasser les États-Unis dans toutes les branches de la production ». Elle ne les dépassa nulle part, et dans l'agriculture moins qu'en toute autre chose. Dans ces mêmes années soixante, l'extrême gauche française n'affichait pour sa part aucune ambition productiviste. Bien au contraire. Dans la foulée de mai 1968, elle préférait pérorer contre « la société de consommation », preuve que la France des Trente Glorieuses n'avait guère de problème pour nourrir, habiller, loger, équiper ses habitants. Mais alors, qu'est-ce qui pouvait bien énerver nos gauchistes ? Tout simplement l'abondance capitaliste. L'URSS, qui se débattait toujours dans d'insurmontables difficultés, avait d'ailleurs du mal à en croire ses oreilles. À tel point qu'en octobre 1971, Paris frôla l'incident diplomatique à l'occasion de la visite officielle que Léonid Brejnev rendit à l'Hexagone. Le numéro 1 soviétique avait choisi de débuter son séjour par une visite de l'usine Renault de Flins. Après avoir traversé le hall d'emboutissage, la peinture et l'assemblage, le pape des communistes avisa un immense parking où étaient garées des voitures de diverses marques. « Et ça, c'est quoi ? » demanda-t-il aussitôt. « Le parking des ouvriers », lui répondit le P.-D.G. de la régie. Dans la minute, le leader du bloc de l'Est se renfrogna avant de s'en aller manifestement fâché, en pensant que le patron de Renault venait de se payer sa tête.

Eh bien non, camarade Secrétaire général, ce n'était pas une mauvaise blague. Quinze ans plus tard, Léonid une fois parti rejoindre Marx et Engels au Walhalla du socialisme scientifique, le régime alimentaire des Soviétiques n'avait pas connu d'amélioration sensible.

À la fin des années quatre-vingt, je pus voir de mes yeux combien les Moscovites faisaient toujours la queue devant des magasins vides. Totalement vides ? Pas tout à fait : ici des pommes de terre ridées et germées, là des saucisses moisies et malodorantes. Soixante-quatorze ans après sa fondation par Lénine, l'Union soviétique était toujours incapable de nourrir les « masses ». Elle était tout aussi incapable de les vêtir et de les soigner : dans les hôpitaux, « la meilleure médecine du monde », telle qu'on nous la décrivait dans certains journaux, manquait de tout, même des moyens les plus élémentaires. Quant à se loger ! On s'entassait toujours à plusieurs familles dans des appartements communautaires.

Militant communiste exemplaire, Jean Kéhayan fut envoyé à Moscou par le Parti afin de travailler dans la presse soviétique. Au bout de deux ans, il en revint désabusé. Avec sa femme Nina, ils publièrent alors *Rue du prolétaire rouge*, un livre qui racontait tout cela. Ils furent bien sûr cloués au pilori, accusés de mensonge et pour finir exclus du PCF. Vingt ans après, il arriva la même mésaventure à Maurice Leroy, alors salarié du groupe communiste au Sénat. Mais au retour d'URSS, c'est lui qui prit les devants, quittant « le Parti » pour se rapprocher de la droite parlementaire. Par la suite, il fut élu député RPR puis président du Conseil général du Loir-et-Cher...

En France, le discours communiste s'est longtemps complu dans le mensonge et la langue de bois, même au temps de la *glasnost* (« transparence ») lorsque Mikhaïl Gorbatchev a publiquement reconnu les difficultés économiques de l'Empire, mettant en cause l'impéritie de la bureaucratie soviétique. Mais pour le PCF, la véritable cause des problèmes n'était pas celle-là. Si après trois quarts de siècle de pouvoir sans partage, le Comecon, le marché commun des pays de l'Est, ne réussissait toujours pas à nourrir ses peuples, c'était la faute des pays capitalistes. Moscou avait beau avoir vassalisé plus de la moitié de la surface du globe et disposer de la plus grande superficie de terres fertiles, tout allait mal parce que l'Amérique et ses laquais empêchaient que ça aille bien. Aussi saugrenue que fût l'explication, les militants se la répétaient *ad libitum*. Elle était évidemment grotesque. À preuve : bien que bridée depuis 2014 par un embargo occidental consécutif à l'annexion de la Crimée, la Russie – sans l'Ukraine, contrairement à l'URSS – a réussi à s'imposer comme le troisième producteur mondial de blé, et le premier exportateur, en dépit de rendements assez modestes.

L'argument de la citadelle assiégée est loin d'être passé de mode. Il a d'ailleurs été repris par le Venezuela qui est, comme on l'a vu, le plus récent des pays à qui Mélenchon et ses disciples font les yeux de Chimène. À la différence de l'Union soviétique, au sujet de laquelle on pouvait se demander qui était l'assiégeur et qui était l'assiégé, le Venezuela, frappé par des sanctions internationales, est plus directement sous la pression des États-Unis, même si Washington n'a toujours pas envoyé la quatrième flotte bloquer sa côte caraïbe. Le pays garde sa liberté de mouvement quant à ses exportations.

Autrement dit, le Venezuela, qui possède les plus importantes réserves pétrolières du monde devant l'Arabie Saoudite, pourrait continuer à approvisionner ses clients, comme ses alliés de l'Alliance bolivarienne (Cuba, Nicaragua, Équateur, etc.), ou encore la Chine et la Turquie, qui comptent parmi ses amis. Caracas pourrait même trouver d'autres clients en leur consentant une remise, à l'instar de la Russie de Poutine qui vend son baril d'*Urals oil* 35 dollars en dessous des cours officiels de ce pétrole. Le problème est que l'industrie vénézuélienne de l'or noir est quasiment à l'arrêt. Le numéro un mondial ne produit plus rien. Faute d'entretien et d'investissement, Nicolás Maduro a cassé son outil d'extraction. Manifestement plus compétent pour conduire un autobus qu'une politique industrielle, il ne peut plus compter sur la manne pétrolière pour nourrir sa population, à l'instar de son prédécesseur Hugo Chávez. Comme 97 % de ses devises provenaient de l'or noir, le Venezuela a basculé dans une crise épouvantable, avec un PIB en baisse de près de 50 % depuis 2020. Sur 14 000 entreprises industrielles recensées dans le pays, seules 2 000 existent encore, mais elles tournent au tiers de leurs capacités.

L'agriculture ne se porte pas mieux. Avant la révolution bolivarienne, la terre était entre les mains d'une poignée de grands propriétaires latifundiaires. Hugo Chávez, qui voulait en finir avec ces scandaleuses inégalités, décida de redistribuer pas moins de 2,7 millions d'hectares, soit environ 30 % des surfaces cultivables, à 180 000 familles paysannes. Des terres qui étaient à l'abandon, d'autres dont les propriétaires officiels ne pouvaient produire de titre de propriété. Certains domaines furent ainsi nationalisés pour accueillir les inactifs qui s'entassaient dans les bidonvilles de Caracas. Ces néoruraux venus de la misère étant salariés, Chávez avait réinventé les kolkhozes. Ce ne fut pas un succès : après une douzaine d'années d'expérience, force fut de constater que les fermes d'État bolivariennes ne marchaient pas mieux que leurs devancières soviétiques. Les néoagriculteurs fonctionnaires touchaient volontiers leur salaire mais ils préféraient s'occuper ailleurs. Par chance, le gouvernement n'ayant pas collectivisé toute l'agriculture, l'expérience ne se conclut pas par une famine.

N'empêche que la situation ne s'est pas arrangée avec Maduro. Le résultat de cette brillante politique agricole, c'est que les Vénézuéliens ont préféré prendre la fuite que continuer à en subir les conséquences désastreuses. Ils ont émigré chez leurs voisins : plus de 6 millions d'entre eux se sont exilés entre 2014 et 2021, ce qui doit faire 7 millions aujourd'hui, soit le quart de la population. De plus, 10 millions de personnes souffrent de malnutrition, selon les estimations de l'ONU. En un mot comme en cent, le moustachu de Caracas n'est pas meilleur en économie que feu celui de Moscou. Et c'est ce pays, avec ce dirigeant, que la néogauche propose comme modèle à la France !

En poursuivant ce tour du monde des prouesses économiques de la gauche radicale, intéressons-nous maintenant à quelques exemples européens. Jadis à la tête de la République démocratique allemande, Walter Ulbricht a été démis de ses fonctions par Brejnev en raison de son incapacité à produire des biens de consommation et à construire des logements. Erich Honecker qui lui a succédé n'a pas fait beaucoup mieux. Avec ses Trabant, l'Allemagne de l'Est était, à la chute du mur de Berlin, à peu près au niveau technologique de l'Allemagne de l'Ouest dans les années quarante. La Pologne n'était pas en meilleure forme, ce qui a provoqué en 1980 l'irruption du syndicat indépendant Solidarnosc. Dans les « pays frères », comme disait la place du Colonel-Fabien, il n'y avait guère que la Hongrie pour s'en sortir un tout petit peu mieux. La raison en était simple : après l'insurrection de Budapest, en 1956, Moscou avait envoyé Iouri Andropov comme ambassadeur pour en panser les plaies. Lorsqu'à la mort de Brejnev, il devint le numéro 1 soviétique, Andropov desserra l'étau, permettant au pays de libéraliser un tantinet son économie. C'est ainsi que, dans les années quatre-vingt, la Hongrie pouvait passer pour « la baraque la plus gaie du camp ».

Mais revenons aux réformes agraires mises en œuvre par les gouvernements de la gauche totalitaire. Les pays qui s'y sont essayés ont provoqué d'effroyables hécatombes. La Chine, surtout, avec ses 45 millions de victimes. Un dirigeant pékinois a bien connu la folie maoïste tout en ayant la chance de lui survivre. Dénoncé dès les années soixante comme « capitaliste » et dirigeant « de droite », Deng Xiaoping a connu deux disgrâces successives en une dizaine d'années. Par chance, on ne l'a pas assassiné. Après la mort du « grand Timonier » et l'élimination de la « bande des quatre », il a même été réintégré au sein du Parti. Si bien qu'en décembre 1978, Deng a réussi à prendre le pouvoir.

Homme « de droite » au sein de l'appareil communiste, Deng Xiaoping fut une sorte de génie. Lorsqu'il prit la direction du pays, la Chine était « sous-développée » selon les critères occidentaux, en tout cas à un stade de développement économique correspondant à celui qui précède les révolutions industrielles. Deng réussit pourtant à réformer le pays en profondeur, le convertissant à l'initiative privée, l'ouvrant aux capitaux étrangers et important les technologies occidentales par le biais des *joint-ventures*. Il copia aussi les universités américaines, permettant à son système éducatif et à ses laboratoires de recherche de devenir performants.

Grâce à Deng, la Chine est passée du Moyen Âge au statut de deuxième puissance mondiale en moins de quarante ans. Sur le plan technologique, elle talonne les États-Unis dans nombre de domaines. Certes, le miracle chinois n'a profité qu'à 200 millions de personnes, soit 15 % de la population, mais aucun dirigeant, dans l'histoire de l'humanité, n'a réussi un pareil tour de force. Il faut pourtant voir que le système économique ainsi mis en place s'apparente au « capitalisme sauvage » ou à « l'ultralibéralisme », pour reprendre la typologie de notre extrême gauche, ce qui explique sa gêne et sa discrétion sur le sujet pendant toutes les années Deng. Parce qu'en Chine, les travailleurs n'ont pas droit à un système de retraite, ne bénéficient pas davantage d'une assurance maladie ou d'indemnités de chômage et n'ont pas non plus droit à des syndicats libres. Les inégalités sont criantes et les rapports sociaux violents. De surcroît, il ne faut pas oublier que Deng fut l'auteur de la répression qui s'est abattue en 1989 sur les étudiants de la place Tian'anmen. Vous allez me trouver cynique si je rappelle que les Chinois des années maoïstes n'avaient pas davantage de retraites, d'hôpitaux, de chômage ou de liberté syndicale, mais qu'en revanche, ils avaient la famine ou la malnutrition, ainsi qu'une violence politique de tous les instants appuyée sur la terreur. Enfin, Xi Jinping, l'empereur rouge qui a tourné le dos aux années Deng, est en train de gagner la sympathie de nos compatriotes biberonnés à la doctrine de Marx et de Lénine. Les raisons ? D'abord, il s'est proclamé dictateur à vie. Ensuite, il menace Taïwan, l'allié des États-Unis. Enfin et surtout, il est supposé vouloir revenir aux fondamentaux économiques du marxisme-léninisme. Va-t-il vraiment casser la dynamique pour renouer avec le maoïsme pur et dur ? La menace des famines et des charniers pourrait de nouveau se profiler.

Résumons-nous : à l'exception chinoise près, mais ça pourrait ne pas durer, le courant politique dont se réclame la néogauche n'a jamais réussi à sortir les peuples de la misère, ce qui était le fondement même de son histoire idéologique. Pire encore, le marxisme-léninisme a plongé dans le dénuement le plus extrême les pays qui avaient dépassé d'eux-mêmes le stade de la pauvreté absolue.

Au moins, pourrait-on se dire, en produisant si peu, ces gouvernements ont dû éviter de souiller la nature. Eh bien, détrompez-vous. Ces pays ont tous laissé un désastre écologique derrière eux. En Russie, « la révolution d'Octobre marque le début du désastre écologique », écrit la chercheuse et spécialiste suisse Josyane Moor-Stahl. Le régime soviétique produisait dans n'importe quelles conditions extrêmes, avec un mépris total pour la nature. À la toute fin de l'URSS, un rapport du Comité d'État pour la protection de l'environnement (*sic*) considérait en 1989 que 3,7 millions de kilomètres carrés, soit 16 % du territoire ou encore sept fois la superficie de la France, étaient en danger écologique. On estimait alors que les industries de l'Est étaient deux fois plus polluantes que les industries de l'Ouest, pourtant capitalistes.

Non seulement l'air était pollué par les oxydes de soufre et d'azote qui retombaient en pluies acides, mais les sols et les sous-sols aussi. Aux rejets des déchets industriels s'ajoutait la contamination des sols agricoles par les pesticides, les nitrates et même le DDT, pourtant interdit de l'autre côté du rideau de fer depuis 1960. Ce n'est pas tout, parce qu'il y avait aussi les égouts : 20 kilomètres cubes d'eaux usées, soit vingt fois le lac d'Annecy, étaient rejetés tous les ans dans les rivières et les plans d'eau. Les contrôles réalisés par les autorités montraient que 40 % des eaux présentaient des taux de pollution plus de dix fois supérieurs aux normes autorisées. Le lac Baïkal et la mer d'Aral étaient écologiquement morts, cette dernière étant de surcroît asséchée et réduite au dixième de sa superficie d'origine. La Caspienne, la Baltique, le lac Ladoga étaient et sont toujours en grand danger. Le Donbass quadrillé par la sidérurgie et les mines de charbon, Bratsk, la capitale mondiale de l'aluminium, Angarsk et son combinat chimique, Oufa et ses raffineries, Magnitogorsk et ses aciéries étaient un enfer pour l'environnement.

Si l'on ajoutait à ce paysage déjà sinistré le détournement des fleuves et la gestion de l'industrie nucléaire, le tableau était apocalyptique. Une anecdote qui n'est pas vraiment anecdotique : les travaux de terrassement sur le tracé du canal Petchora-Kama conduisirent le régime soviétique à effectuer en 1971 trois tirs nucléaires, chacun d'une puissance équivalente à Hiroshima... Il faut aussi savoir qu'à Mourmansk, le port d'attache des sous-marins, la mer de Barents est infestée de réacteurs nucléaires jetés à l'eau après le démantèlement de submersibles déclassés. Quant aux usines de retraitement comme le complexe de Maïak, dans le Caucase, elles ont toujours rejeté leurs déchets radioactifs dans la nature.

Le pompon, ce fut évidemment Tchernobyl. Connaîtra-t-on un jour l'origine réelle de la catastrophe ? De mensonges en demi-vérités, d'hypothèses en fausses certitudes, on nous a servi une centaine de versions. S'agit-il d'un test de sûreté effectué par des incompétents dans les pires conditions ? D'un exercice militaire à la demande de l'Armée rouge ? Dans tous les cas, cela ne se serait jamais produit dans un pays démocratique, doté de contre-pouvoirs et d'une autorité nucléaire indépendante. Mais les contre-pouvoirs, en Union soviétique... Le résultat, on le connaît : des milliers de décès directs et indirects. Un environnement – désormais au nord de l'Ukraine, mais jusqu'à Minsk, la capitale de la Biélorussie – contaminé pour des décennies, des siècles, parfois des millénaires.

Lors de l'invasion de l'Ukraine, les troupes de Poutine en ont fait la cuisante expérience. Allez savoir pourquoi, un régiment est venu stationner au pied de la centrale sinistrée. Pour des raisons inexpliquées, les officiers ont demandé aux soldats de creuser des tranchées à l'endroit même où l'on avait enseveli les blocs de graphite radioactifs éparpillés par l'explosion du réacteur 4. Les pauvres garçons ont très vite présenté des symptômes d'irradiation qui leur ont valu d'être évacués vers des hôpitaux russes. À l'heure actuelle, plus aucun d'entre eux ne doit être en vie. S'agit-il des dernières victimes de Tchernobyl ? Difficile à dire, tant la détérioration de l'environnement a produit des effets néfastes au pays des Soviets.

Chez les camarades, l'espérance de vie des femmes comme des hommes n'a cessé de décliner, et cette dégringolade n'était toujours pas enrayée trente ans après la chute de l'URSS. Un Français naissant aujourd'hui peut avoir la chance de vivre treize années de plus qu'un Russe et que beaucoup des citoyens de l'ex-Empire. De surcroît, le nombre de nouveau-nés frappés de malformation cérébrale ou physique ne cesse de progresser. Pendant ce temps, notre extrême gauche prétend nous donner des leçons en matière de protection de la nature tout en feignant d'ignorer qu'aucune autre sensibilité politique que la sienne n'a plus méticuleusement détruit l'environnement sur l'ensemble de la planète.

Voulez-vous que l'on jette un œil à l'Allemagne de l'Est ? Avant la réunification, l'Elbe était la frontière naturelle entre la République fédérale et la République démocratique. À l'est, les industries qui bordaient le fleuve déversaient leurs effluents dans ses eaux. En 1989, pour fêter sa dernière année d'existence, la RDA en a rejeté 846 000 tonnes. Les affreux capitalistes qui ont succédé au gouvernement d'Egon Krenz – des démocrates-chrétiens et des sociaux-démocrates – ont réduit les rejets polluants dans l'Elbe de 96 % en dix ans.

La principale plaie de la RDA, c'était le lignite – ça l'est de nouveau depuis l'abandon des centrales nucléaires allemandes sous la pression des Verts – un combustible fossile moins calorifique que le charbon mais plus polluant en dioxyde de soufre, en particules fines et en métaux lourds dont certains sont radio-actifs. Raison pour laquelle le paradis germanique des masses laborieuses était la région la plus polluée d'Europe : l'air était bien sûr toxique, les sols et les nappes phréatiques contaminés, ce qui rendait l'eau impropre à la consommation. L'assainissement de l'Allemagne de l'Est souillée par les camarades a coûté plusieurs centaines de milliards d'euros aux contribuables allemands. Mais après tout, si ce sont les capitalistes qui ont payé, diraient certains membres de la néogauche...

Autre exemple : la Chine. On la considère comme étant désormais le pays le plus pollué du monde. Les spationautes racontent qu'une tache grise recouvre la région de Pékin. Il faut dire que l'air de la capitale est tellement vicié que la visibilité y est aussi réduite par le smog qu'à Londres dans les années cinquante. Le taux de particules fines est quinze fois supérieur au plafond fixé par l'Organisation mondiale de la santé. Et s'il n'y avait que les polluants ! Mais la Chine est aussi le premier producteur mondial de gaz à effet de serre, supposés responsables du réchauffement climatique, à hauteur de 30 % du total planétaire. Cette catastrophe écologique ne dissuade pas Pékin de produire et de brûler toujours plus de charbon : quatre fois plus aujourd'hui qu'en l'an 2000. Mais n'allez pas en faire le reproche à Xi Jinping, nouvel empereur rouge dont les dirigeants de la Nupes se sont amourachés.

Terminons ce tour du monde des modèles prolétariens de l'écologie par le Venezuela, avec le lac Maracaibo. Ce plan d'eau d'une taille vingt-trois fois supérieure à celle du Léman est d'un noir d'encre. Parsemé de plates-formes de forage et d'exploitation pétrolière qui d'ailleurs ne produisent plus rien, il est principalement souillé par le suintement des pipelines rouillés et mal entretenus qui sont censés transporter le brut jusqu'aux réservoirs de stockage. Mais ce n'est pas tout, car les ordures ménagères, les eaux usées et les matières fécales charriées par les quarante affluents venant grossir ses eaux en ont fait un égout à ciel ouvert. Les poissons se retrouvent le ventre en l'air pendant que les oiseaux piscivores meurent empoisonnés.

Ajoutons à ce désastre lacustre que sa toxicité rend l'air de Caracas irrespirable, que l'agriculture locale est lourdement contaminée par les pesticides et les fertilisants chimiques, que les activités aurifères détruisent la forêt tout en entraînant une pollution de l'environnement au mercure. En un mot comme en cent, le paradis bolivarien est un épouvantable cloaque. Mais on nous dira sûrement que c'est la faute de l'impérialisme américain...

Si la social-démocratie a réussi un peu partout dans le monde à sortir de la misère les peuples qui lui ont fait confiance, le socialisme réel ou scientifique et le communisme ont échoué un peu partout. Dans des pays qui souvent regorgent de ressources naturelles, les politiques conduites par des dirigeants que leur idéologie aveugle ont semé la misère et souvent engendré la famine. Le socialisme était pourtant censé apporter la prospérité aux masses laborieuses que le capitalisme maintenait dans le dénuement le plus extrême. Eh bien, c'est raté. Les propagandistes inconditionnels de ce genre de régime, aux yeux de qui les démocraties ne se soucient jamais assez de l'environnement, feignent aussi d'ignorer que tous les pays gouvernés selon leurs vœux ont laissé un désastre écologique sans précédent.

La gauche dite radicale a échoué dans la plupart des domaines qui relèvent de la compétence des gouvernements. Qu'il s'agisse de la santé, de l'instruction, ou de la justice, sa politique s'est partout soldée par un désastre. Pourquoi, voudriez-vous qu'il en soit autrement avec la néogauche ? Que l'on me cite une seule réussite d'extrême gauche. Ah, certes, peut-être la croissance du système carcéral ? Mais n'allez pas croire que la prolifération des barreaux et des gardechiourmes soit parvenue à faire reculer la délinquance et à assurer la sécurité des pauvres gens. Pour reprendre l'exemple du Venezuela, le nombre des homicides pour 100 000 habitants y est passé de 13 en 1990 (avant Chávez), à 33 en 2000 pour atteindre 60 en 2019, soit quarante-quatre fois plus qu'en France. Sous la révolution bolivarienne, le Venezuela est devenu le pays le plus dangereux du monde. Et ce, pour le plus grand malheur de tout un peuple.

6.

UN COMMUNAUTARISME QUI CONDUIT LA FRANCE AU SÉPARATISME, À LA VIOLENCE ET AU CHAOS

La réparation de notre modèle d'intégration est un chantier qui devrait mobiliser la social-démocratie. D'abord, je voudrais revenir sur le constat et sur les mots. J'appartiens à cette génération qui s'est battue contre le racisme professé par le Front national lorsque Jean-Marie Le Pen a fait irruption dans le paysage médiatique. Mon ami Julien Dray et quelques autres ont créé SOS Racisme pour permettre aux personnes issues de l'immigration de trouver toute leur place dans la société. Leurs différences apparentes avec les Français d'origine française n'avaient aucune raison d'être un obstacle à leur intégration dans la nation. Nous nous sommes donc mobilisés et avons gagné bien des combats. Ceux qui n'ont pas connu les années soixante-dix ne peuvent pas le savoir, mais le racisme a considérablement reculé dans notre pays.

Les vieilles générations, celles qui avaient connu les deux guerres, ont parfois manifesté des réactions hostiles aux arrivants lorsque les immigrés de culture musulmane ont commencé à arriver. Ces gens qui étaient nés au village, pour qui le clocher d'à côté était déjà l'étranger, ne pouvaient pas comprendre. Mais les années passant, leur raideur s'est un peu atténuée, d'autant que leurs enfants, déjà, se sont montrés plus accueillants. Dès lors, le racisme a fléchi un peu partout, quoique le Front puis le Rassemblement national se soit durablement incrusté dans le paysage. Mais si la firme familiale Le Pen a connu une indéniable croissance en greffant toutes sortes de malaises sur la question migratoire, cette hybridation l'a forcée peu à peu à, si l'on peut dire, migrer elle-même de sa position et obsession initiale.

À bien des égards, les Français sont un peuple formidable. Leur capacité d'adaptation à une nouvelle donne sociologique, marquée par une immigration massive, a surpris plus d'un observateur. On a souvent entendu les Cassandre annoncer des réactions violentes, à la suite notamment des attentats islamistes commis sur notre territoire, des « ratonnades » voire des « putschs d'extrême droite ». La vérité, c'est que l'on n'a rien vu de tout cela, ce qui n'empêche pas, bien entendu, l'extrême gauche de continuer à accuser les Français de violences parfaitement illusoires et d'intentions fantasmées. Les Français, moi, je ne les fantasme pas. Pas même ceux du Front national. Je l'observe aussi et constate ses évolutions, parce que tout évolue, même l'extrême droite et même l'extrême gauche. J'écoute le discours de ses dirigeants : les analystes politiques les plus sérieux sont unanimes pour constater que Marine Le Pen elle-même s'est beaucoup éloignée du discours des origines. L'évolution des mentalités françaises est donc incontestable.

Pour Julien Dray comme pour moi au temps de notre jeunesse, il n'a jamais fait de doute qu'un jeune Français dont les parents étaient nés au Sénégal, en Algérie ou en Chine était un Français à part entière. Pour autant, il n'était pas non plus question qu'il gommât ses différences. Au contraire : lesdites différences ne pouvaient qu'enrichir la nation française. De même que j'étais corse et français, que l'apport de ma culture insulaire au patrimoine culturel français avait été remarquable, comme l'avait été l'apport des autres peuples qui s'étaient agrégés à la France au cours de son histoire millénaire : la culture sénégalaise, algérienne ou chinoise apportée par ces Français d'origine plus récente continuerait d'enrichir notre patrimoine commun. Nous n'étions pas des utopistes, nous savions le pari difficile, mais je constate qu'aujourd'hui il en va bien ainsi. Que dans la politique, l'art, la gastronomie, la mode mais aussi le soin, comme l'a montré la crise sanitaire, ou plus simplement dans notre quotidienneté, les filles et les fils de l'émigration manifestent pour beaucoup une bonne et belle vitalité qui contribue à l'épanouissement et au rayonnement de la nation française. Ce n'est pas la cas de tous ? Il est de sérieux problèmes dans les banlieues ? L'islam fait question ? Bien sûr mais ce sont là des raisons de plus pour nous atteler à la démonstration de ce qui fait le génie de notre pays.

À cet égard, on ne peut donc pas prétendre, comme le fait la néogauche, que notre modèle d'intégration est un échec. Nous avons des maires et des députés – des élus de la nation – de toutes les origines. J'ai vu parmi mes administrés, parmi mes électeurs ou au sein de mon parti, un grand nombre de Français originaires d'autres continents. Enfin, permettez-moi un instant d'évoquer Sarcelles, dont j'ai été le maire, pour rappeler que ma commune était l'une des rares en France à accueillir une communauté aussi importante de chrétiens d'Orient. Ces 12 000 Sarcellois assyro-chaldéens qui, d'un point de vue ethnico-culturel, sont similaires aux populations musulmanes du Moyen-Orient, se reconnaissent avec ferveur comme nos compatriotes.

Les Asiatiques de France méritent toute notre attention. Combien sont-ils ? 500 000 ou peut-être 700 000 : en l'absence de statistiques ethniques, on ne peut le savoir avec davantage de précision. Des Vietnamiens se sont installés dans l'après-guerre, surtout après la décolonisation de l'Indochine. D'autres sont arrivés par la mer après la la chute de Saïgon aux mains des communistes en 1975, que l'on a appelés des *boat people*. L'immigration vietnamienne a d'abord pris une forme communautaire, ces populations se regroupant dans certains quartiers, comme le Ve arrondissement à Paris. Par la suite, les communautés se sont progressivement délitées, les Vietnamiens se fondant dans la nation, souvent au bénéfice de mariages dits « mixtes ». Comme moi, chacun connaît des familles dont une branche, grâce à une tante, à un oncle, procède des deux cultures.

L'immigration chinoise est plus récente. Encore très communautaire, elle se regroupe dans le XIIIe arrondissement et à Belleville, deux quartiers de la capitale, ainsi que dans certaines banlieues comme la ville nouvelle de Marne-la-Vallée. Mais ces générations récentes d'arrivants ont à leur tour commencé à se fondre dans la population. Les mariages mixtes ne sont pas rares, il m'est d'ailleurs arrivé d'en célébrer. La réussite scolaire et universitaire étant au rendez-vous, il est de plus en plus fréquent de voir des Sino-Français s'illustrer dans des jobs de haut niveau trois décennies après que leurs parents ont ouvert une cantine à la mode de Pékin ou de Shangaï. Les services sociaux sont unanimes pour considérer que cette immigration s'intègre sans difficulté. À Bussy-Saint-Georges, l'une des communes de Marne-la-Vallée, six élus du conseil municipal sont d'origine asiatique.

N'en déplaise à certains, ces exemples montrent qu'aujourd'hui notre modèle d'intégration fonctionne dans la plupart des cas pour les nouveaux arrivants aussi bien qu'il a fonctionné hier pour les Italiens, les Espagnols, les Portugais, les Polonais, les Juifs ashkénazes ou séfarades. Chacun sait aussi que malheureusement ce n'est pas toujours le cas des populations venues d'Afrique noire, du Maghreb et de Turquie. Est-ce parce que la vague migratoire est plus massive ? Le phénomène est sans nul doute plus complexe. Mais tout d'abord, il est faux, cette fois encore, de prétendre qu'il s'agit d'un échec global.

Jérôme Fourquet, le directeur des études de l'Ifop, a longuement étudié la question avant de livrer ses conclusions. Dans *L'Archipel français*, le politologue distingue quatre attitudes parmi les résidents d'origine musulmane installés en France. Un premier quart est déjà intégré, suivi d'un second qui est en voie d'intégration. Un troisième quart, qui concerne une immigration récente, venue principalement des régions les plus reculées de Turquie, a un comportement plus conservateur et donc davantage de difficulté à comprendre le mode de vie occidental dans un environnement démocratique et laïc. Un dernier quart, qui est hostile à toute forme d'intégration, constitue la frange séparatiste de cette population. Fourquet estime son importance démographique à un gros million de personnes. D'autres observateurs l'évaluent à 1,5 voire 2 millions d'habitants.

Ces trois quarts de nos compatriotes et de ressortissants étrangers qui sont en quelque façon liés à la culture musulmane, qui sont les héritiers d'ascendants ou qui ont eux-mêmes décidé de venir vivre en France sans se complaire dans la détestation de leur pays d'accueil n'intéressent pas la néogauche. Aucun de ces braves gens n'est donc digne d'intérêt. Les islamistes vous diront que les Maghrébins favorables à l'intégration sont des « collabeurs », des « bougnoules » ou encore des « Arabes de service », pour reprendre la formule du militant insoumis longtemps soutenu par Jean-Luc Mélenchon Taha Bouhafs à l'adresse de la policière syndicaliste Linda Kebbab. Mais il est également vrai que le même Mélenchon n'a pas hésité à déclarer que « la police tue », phrase proprement inconcevable dans la bouche de quiconque est candidat à la magistrature suprême, à moins qu'il ne s'agisse d'un pompier pyromane.

La néogauche n'aime pas les gens qui ne correspondent pas à ses fantasmes. S'ils ont beaucoup de chance, elle se contentera, comme le veut la tradition, de les gommer sur la photo de famille. Et dans le pire des cas, s'il lui arrive d'être au pouvoir... Bref, la néogauche rejette avec mépris la population immigrée en voie d'intégration même si celle-ci – et l'on peut, comme moi, le déplorer – vote majoritairement pour la Nupes. Et pour ce faire, elle ne rechigne pas à instrumentaliser sans vergogne jusqu'au fait religieux.

C'est un trait commun aux néotyrans dont les prédécesseurs se voulaient les champions de l'athéisme : à la suite de Khomeiny en Iran, Erdogan en Turquie, Xi Jinping en Chine, Poutine en Russie fondent leur despotisme sur l'exaltation des cultes traditionnels. Pour toutes sortes de raisons complexes, le monde musulman est particulièrement en proie à ce type de convulsions sous la forme de l'islamisme. Je ne suis en rien un spécialiste des religions, mais à en croire nombre de savants et théologiens, cette idéologie totalitaire à connotation coranique, extrémiste, rigoriste, n'a pas grand-chose à voir avec l'islam véritable. Son discours s'adresse aux esprits peu structurés susceptibles d'être séduits par la violence, l'obscurantisme, l'antisémitisme, le racisme, la haine de la civilisation occidentale, de la démocratie, des valeurs de notre République et de la France. Je ne suis pas le seul à en faire le constat : voyez ce qu'en disent Boualem Sansal ou Kamel Daoud, pour ne citer que ces deux écrivains algériens d'expression française. Or, dans l'Hexagone, le *lider minimo*, hier le thuriféraire du laïcisme le plus intransigeant, embraye désormais sur la nouvelle mode qui ravage les modèles dictatoriaux qui ont depuis toujours sa faveur. Pourquoi ? Je crains que la réponse ne tienne qu'à un cynique électoralisme aussi débridé qu'aveugle.

Les premiers signes alarmants de la présence islamiste en France remontent aux émeutes de 2005. Elle ne les précède pas : ce ne sont pas les barbus qui ont provoqué cet embrasement des banlieues. L'origine en était la mort par électrocution de deux jeunes partis se cacher sur un site d'EDF pour échapper à un contrôle de police. Une déferlante de violences a suivi, que nous avons eu les pires difficultés à contenir. La désamorcer n'était cependant pas impossible : Sarcelles, par exemple, n'a pas basculé.

Dans la foulée, ce mois de novembre 2005 a marqué l'émergence de la vague de djihadisme qui allait conduire aux attentats terroristes de la décennie suivante. Gilles Kepel, notre éminent spécialiste du monde arabo-islamique, a noté que des courants salafistes apparus en France diffusaient un texte d'Al-Qaïda incitant les jeunes musulmans à déclencher une guerre civile en Europe, jugée le « ventre mou » du monde occidental. Les émeutiers étaient donc supposés provoquer des réactions hostiles qui obligeraient ensuite les immigrés à basculer dans le djihad. Dans l'esprit de ces fous meurtriers, il s'agissait selon Kepel d'« enclencher la dislocation finale de l'Occident, préalable au triomphe mondial de l'islamisme ».

Véhiculé par les réseaux sociaux, le poison a commencé à se diffuser dans les villes populaires et les anciennes banlieues ouvrières. D'abord en Seine-Saint-Denis, puis dans certains quartiers de Marseille, dans des agglomérations frappées par la désindustrialisation, comme Roubaix, de même que dans de petites cités méridionales comme Lunel, dans l'Hérault. Je n'ai vu les salafistes débarquer à Sarcelles que dans les années 2010. Très vite, ces militants ont fracturé la cohésion des communes en proie à l'insécurité et aux difficultés économiques, divisant entre elles les populations de culture musulmane, dressant les unes contre les autres les familles d'origine et de religion différentes. Pour nos administrés déjà fragiles, la situation est vite devenue insoutenable.

Des jeunes gens désœuvrés, intellectuellement parmi les plus frustes, se sont radicalisés, affichant des accoutrements en rupture avec le reste de la population, adoptant des attitudes provocatrices et agressives. Les attentats se multipliant dans les mêmes années, il est vite apparu que derrière chaque terroriste se profilait l'ombre des islamistes. Ce fut le cas de Mohamed Merah en 2012, des sinistres tueurs de *Charlie Hebdo* et de l'Hypercacher en janvier 2015, du Bataclan en novembre suivant, de celui de la promenade des Anglais le 14 juillet 2016, comme des assassins de la préfecture de police, de Samuel Paty et de la basilique de Nice, pour ne citer que les cas les plus mémorables.

Les élus locaux se sont vite retrouvés débordés, d'autant qu'ils ne disposaient pas d'interlocuteurs susceptibles de les aider au niveau de l'État. De plus, l'islam politique, qui était la garantie du chaos, ne pouvait laisser longtemps l'extrême gauche indifférente.

Dès 1994, dans son manifeste *Le Prophète et le prolétariat*, Chris Harman, un trotskiste britannique, explique que « la gauche a commis une erreur en considérant les mouvements islamistes comme réactionnaires et fascistes ». Il théorise au contraire l'islamisme comme un « mouvement social » aux caractéristiques « déstabilisatrices ». Puisque les ouvriers sont de moins en moins nombreux dans un Occident qui se désindustrialise – et que, de surcroît, dans certains pays, comme la France, les prolos se mettent à voter pour l'extrême droite –, il convient de les remplacer par les immigrés qui, dans les sociétés modernes, sont les plus pauvres et les plus exploités.

Pour Harman, il y a donc nécessité et urgence « révolutionnaire » à récupérer l'immigration musulmane afin de remobiliser les masses sur fond d'affrontements inter-religieux. Il ne reste qu'à maximaliser le désarroi social de ces populations déracinées en recourant à l'identité confessionnelle. Ce désarroi favorise les situations anomiques en rupture avec la légalité ? Peu importe ou, plutôt, tant mieux ! De tout temps, à l'instar des bolcheviks frayant dans les prisons tsaristes avec les criminels de droit commun et trouvant en eux une main d'œuvre apte à accomplir leurs basses besognes, les trotskistes ont rêvé de rallier à leur cause la petite délinquance, qu'ils qualifient de *lumpenproletariat*, un concept emprunté Marx. Pour autant, lorsque j'étais étudiant, le *lumpen* fantasmé par l'extrême gauche n'était pas assimilé à l'immigration. Ni l'avant-garde, à l'intégrisme. Mais les choses ont visiblement changé.

Cette théorie a vite fait florès. En grande partie grâce aux importants relais dont dispose chez nous le trotskisme. Souvenez-vous de l'importance prise en France par cette mouvance : il y va d'une nébuleuse comptant une vingtaine de groupes ou groupuscules dont les plus visibles proposent régulièrement un à plusieurs candidats aux présidentielles ; sans oublier qu'elle constitue la matrice de La France insoumise où la garde prétorienne de Jean-Luc Mélenchon a pour mission d'encadrer la Nupes en attendant de l'accaparer au service de la lutte finale. Très vite, les trotskistes se sont donc mis à la remorque des islamistes, en s'asseyant sans vergogne sur l'égalité hommes-femmes. Même les élues et les militantes, car la haine de la démocratie, au prétexte qu'elle serait « bourgeoise », l'emporte en dernier lieu sur toute autre considération.

La stratégie s'est avérée payante. La néogauche a repris à son compte la doctrine des barbus, celle contre laquelle se battent les jeunes Iraniennes. Car il faut bien voir que la doctrine islamiste a entre autres pour vecteur l'apartheid appliqué aux femmes. Adieu donc les militantes du MLF, de Ni putes Ni soumises et du féminisme universaliste : pour les néoféministes et leurs alliés, elles sont toutes à ranger dans la case fascistoïde. Ainsi, Jean-Luc Mélenchon qui, naguère, stigmatisait le voile comme un « signe répugnant de soumission », ose déclarer dorénavant qu'on ne saurait faire une question d'« un chiffon sur la tête ». Encore un retournement opportuniste du chef suprême et prestement mené au prix de purges dans son camp.

L'acte fondateur de cette vague, qualifiée par certains d'« islamo-gauchiste », a été la manifestation du 10 novembre 2019 « contre l'islamophobie ». Elle était organisée par des officines liées aux Frères musulmans, mouvement fondé par le grand-père de Tariq Ramadan. Une tribune publiée par *Libération* et dénonçant les « lois liberticides » que la République multiplierait à l'encontre des musulmans (oui, vous avez bien lu !) a battu le rappel. Toute la néogauche a signé. L'occasion a été jugée trop belle de se rassembler afin d'accélérer la « convergence des luttes ». Puis certains se sont ravisés. L'idée que des militants progressistes puissent défiler main dans la main avec des imams fondamentalistes, voire que la lutte des races l'emporte sur la lutte des classes ou, pire encore, que les héritiers des dreyfusards donnent un blanc-seing aux nouveaux antisémites version islamiste a refroidi quelques-uns. Pas assez, cependant. On a ainsi vu défiler des figures emblématiques du NPA, du PCF, de LFI, de GENERATION.S, d'EELV, de la CGT, de la FSU, de l'UNEF, de Sud-Solidaires, d'ATTAC dont Olivier Besancenot, Philippe Poutou, Elsa Faucillon, Jean-Luc Mélenchon, Alexis Corbière, Benoît Hamon, Philippe Martinez, ainsi que des personnalités médiatiques dont le journaliste Edwy Plenel, les activistes Rokhaya Diallo, Assa Traoré ou le Gilet jaune Jérôme Rodrigues. De leur côté, Yannick Jadot et François Ruffin ont intelligemment préféré se faire porter pâles tandis que Caroline de Haas et Esther Benbassa, pour leur part présentes, se sont désolidarisées après coup des pires virulences de la manifestation.

C'est qu'il y avait de quoi, pour dire le moins. Quand le cortège est passé devant le Bataclan où, quatre ans plus tôt, cent trente spectateurs avaient été assassinés par des terroristes djihadistes pendant un concert, des cris ont fusé pour lancer des *Allahou akbar*. Oui, Dieu est grand et les islamistes sont abjects. Ces cris, les camarades ne les ont pas entendus. C'était la manif de la honte. « La gauche s'est déshonorée », devait titrer avec justesse *L'Express*. Et ce, de manière également prémonitoire puisque depuis, avec le ralliement d'Olivier Faure au *lider minimo* contre la trentaine de deniers consistant en autant de maigres sièges à l'Assemblée, le Parti socialiste a perdu la sage et lucide retenue dont il avait fait montre alors en s'abstenant sobrement de participer à ce branle-bas antidémocratique.

Dès lors, on a vu l'extrême gauche soutenir l'insoutenable en épaulant les islamistes dans tous leurs petits combats au quotidien. On a vu, au nom de la très gauchiste et fumeuse « intersectionnalité », des femmes des beaux quartiers condamner à l'oppression d'autres femmes, issues elles des quartiers déséhérités. On a vu la néogauche piétiner des Maghrébines qui dénonçaient tel café de banlieue où leurs semblables n'étaient pas admises, accabler un professeur de lycée qui s'était alarmé des progrès de l'obscurantisme et du séparatisme dans ses classes et on a assisté au bras de fer insensé avec le Conseil d'État d'un édile local en faveur de l'autorisation du burkini à la piscine municipale.

La stratégie a été payante, disais-je, parce que les candidats de la Nupes se sont fait élire en mobilisant, hélas, les immigrés qu'ils ont abusés. Dès lors, les Frères musulmans n'ont plus besoin de présenter leurs propres candidats. On en a d'ailleurs très peu vu lors des législatives de 2022. Le *think tank* Terra Nova, dont est proche la néogauche, a repris la thèse trotskiste de Chris Harman. Notant que les ouvriers sont de plus en plus nombreux à voter pour l'extrême droite, Terra Nova a également proposé de racoler les minorités et immigrés. Et les islamistes, on les enrôle aussi ? Le PS, qui a perdu la totalité de ses poids lourds électoraux et de ses têtes pensantes, ne fait plus dans le détail...

Depuis une dizaine d'années et l'irruption de cette mouvance qui n'a rien de pacifique, les quartiers populaires sont le lieu d'affrontements sourds qui conduisent à la sécession. Les territoires perdus de la République font le délice de l'extrême gauche et des activistes islamistes. À Sarcelles, je me suis constamment opposé aux velléités séparatistes des uns et des autres. Au fil de son histoire, cette commune a vu des populations à la culture très marquée venir s'agréger à ses Franciliens d'origine. Des Bretons, des Corses, des Antillais, des Juifs sépharades, des Maghrébins, des Africains subsahéliens, des Assyro-Chaldéens, des Turcs, des Pakistanais... Pour ne rien arranger, la politique du principal bailleur social a été de regrouper les arrivants par origine : tel immeuble pour les Guadeloupéens, tel autre pour les Sénégalais, etc.

Lorsque les jeunes sportifs ont commencé à vouloir constituer des équipes de football communautaires, nous sommes allés leur conseiller de se regrouper plutôt en équipes de quartiers où se mélangeraient tous les talents, d'où qu'ils viennent, à l'exemple de nos champions du monde « blacks-blancs-beurs ». Le territoire de notre commune allait-il se morceler à l'infini, tel un patchwork ? Pour Dominique Strauss-Kahn comme pour moi, il n'en était pas question. À nos yeux, Sarcelles était un fragment de la nation, pas un laboratoire du multiculturalisme.

La France doit-elle devenir un pays morcelé où chacun vit sa culture d'origine ou d'adoption ? Va-t-elle se transformer en une marqueterie de zones ethniques ? Pour la social-démocratie, c'est non. Non à une France qui ne se mélange pas. La nation, c'est un creuset où chacun, avec sa différence, vient partager un destin commun. À l'opposé, le communautarisme conduit à une France qui ne partage plus les mêmes valeurs, qui finit par ne plus vivre en respectant les mêmes règles, à des espaces tribaux et claniques obéissant à leurs coutumes propres et refusant les lois de la République.

Va-t-on voir, dans l'Hexagone, des territoires reproduire à échelle réduite les conflits du monde ? On pense bien sûr à celui qui oppose Israéliens et Palestiniens : la manifestation antisémite du 20 juillet 2014 donne une parfaite illustration de ce à quoi pourrait conduire une France communautarisée. Mais ce n'est pas le seul affrontement du Moyen-Orient qui pourrait s'importer en France. Il y a aussi le lourd souvenir de la dhimmitude, cet état d'asservissement institutionnel, dont les chrétiens ont historiquement souffert sous le joug de l'islam arabe puis ottoman. J'ai personnellement toujours œuvré dans ma commune de Sarcelles pour que les Assyro-Chaldéens originaires d'Irak, de Syrie ou de Turquie et les musulmans arrivent à se parler. Nous avons organisé des manifestations culturelles auxquelles les uns et les autres participaient côte à côte. Va-t-on aussi importer les tensions politiques entre les Berbères et les Arabes ou entre les Algériens et les Marocains qui hantent le Maghreb, les guerres ethniques qui déchirent certains pays d'Afrique subsaharienne, voire le long antagonisme civilisationnel qui continue d'imprégner les relations entre Vietnamiens et Chinois en Asie ?

Et puis il y a des situations où des communautés créent, en France, des conflits qui n'existent pas à l'étranger. Le 16 juin 2020, des Tchétchènes venant d'un peu partout de l'Hexagone se sont rendus à Dijon à l'appel de leurs congénères pour en découdre avec la communauté maghrébine locale. On a brandi des fusils et il y a eu un blessé par balle. Le 15 août 2022, ce sont des Afghans et des Maghrébins que l'on a vu s'affronter à Colmar. Ce jour de l'Assomption, les premiers ont organisé un barbecue qu'est venu perturber le rodéo à scooter improvisé par les seconds. Une altercation a opposé les deux groupes, avant que certains Maghrébins ne reviennent armés. Résultat : un jeune Afghan a été tué. Ma honte personnelle c'est que le meurtrier a été interpellé quelques jours plus tard à Sarcelles...

Alors, le multiculturalisme, pour nous, c'est non.

Comment empêcher les frictions entre des minorités qui sont agitées par des tentations séparatistes ? N'est-il pas déjà compliqué de faire accepter l'égalité hommes-femmes aux populations qui sont sous l'emprise des réseaux islamistes ? Que dire alors du mouvement LGBTQIA+ ? Nous avons tous gardé en mémoire l'agression dont a été victime Julia, une jeune transgenre, à Paris. Ce 31 mars 2019, une manifestation contre le régime de Bouteflika était en train de se disperser, place de la République, quand Julia est arrivée pour prendre le métro. Allez voir sur internet les photos où on la voit, en jupe courte, entourée d'individus hostiles, sur les marches qui accèdent à la bouche de métro. Puis a suivi, à partir du 18 janvier 2020, le calvaire de Mila, lorsque cette adolescente de 16 ans se déclarant lesbienne a refusé les avances d'un jeune internaute se disant musulman et a répliqué aux paroles de malédiction religieuse proférées par ce dernier en publiant sur Instagram des mots très crus sur l'islam. Le cyber-harcèlement qu'elle a subi s'est accompagnée de menaces de mort qui l'ont conduite à vivre clandestinement sous protection policière. Est-il nécessaire de rappeler l'incompréhension des islamistes pour les lesbiennes, les gays, les transgenres ? De rappeler le nombre de pays qui les condamnent à la peine de mort ? De rappeler que les gays de Palestine se réfugient en Israël et qu'en octobre dernier un garçon a été décapité à Hébron ? Comment ferons-nous pour éviter des scènes de guerre civile si, comme le multiculturalisme nous en fait courir le risque, des communautés à tendance séparatiste mais hostiles entre elles en viennent à occuper des territoires voisins et à régenter les autres au nom de leur violence aveugle ?

Alors, pour nous, c'est non.

A-t-on d'ailleurs entendu la néogauche condamner les factieux de Dijon et de Colmar ou les agresseurs de Julia et de Mila ? La social-démocratie, elle, doit faire entendre sa différence. Les scandaleuses affaires Dijon, Colmar, Julia, Mila, ce n'est pas sa vision de la France. Nous devons combattre sans relâche le communautarisme qui est coupable de pareilles violences. Mais il faut le combattre dans le cadre de la République et de ses lois. La nation une et indivisible n'est pas à découper en suivant les pointillés de la haine. La nation tout entière doit s'y opposer, et non pas attendre que telle ou telle communauté veuille bien en respecter les choix de vie de telle autre communauté.

La France mosaïque, c'est non.

Si j'invite ici les tenants de la social-démocratie à repenser notre modèle d'intégration, c'est parce qu'il est impératif de barrer la route aux apprentis sorciers du multiculturalisme. La tentation que diffusent et naturalisent les agitateurs de la néogauche conduirait inévitablement à précipiter la France au bord du chaos puis au fond de l'abîme. Et ce n'est pas le moindre de leurs leviers que de propager le racisme sous couvert de lutte antiraciste.

7.

QUAND L'« ANTIRACISME » AUTOPROCLAMÉ RÉHABILITE LE RACISME

On a longtemps cru que le discours racialiste était mort avec le Führer dans son bunker-mausolée de Berlin. Définitivement disparu avec Adolf Hitler le 30 avril 1945. De fait, plus personne, après la chute du nazisme, n'a tenu de discours politique fondé sur le concept de « race biologique ». Le racisme n'avait pourtant pas été éradiqué dans la pratique gouvernementale de plusieurs pays. Ceux-là ont continué à administrer leurs populations en fonction de la couleur de la peau. Les États-Unis jusqu'à l'accès aux droits civiques en 1968, la Rhodésie jusqu'au vote des Noirs en 1979 et l'Afrique du Sud jusqu'à la fin de l'apartheid en 1991. Je me souviens de l'enthousiasme qui embrasa l'humanité lors de l'élection de Nelson Mandela en 1994. Et pas seulement la gauche ou l'hémisphère Sud : à Hollywood, Clint Eastwood, peu réputé pour être un progressiste échevelé, se préparait à nous livrer le chef-d'œuvre cinématographique qu'est *Invictus* tandis qu'à Paris, chiraquiens et giscardiens communiaient à l'unisson dans la même joie avec les mitterrandiens.

Trente ans plus tard, voilà que le racisme pointe de nouveau son nez dans le discours politique. Si ce n'est pas le même, c'est toujours la même histoire : on essentialise les individus en raison de leur naissance à grands coups de fausse science. À un racisme d'extrême droite disparu succède ainsi un racialisme d'extrême gauche expansionniste.

Pour comprendre ce qui se passe, il faut revenir à la notion de « race ». On peut en trouver la trace déjà sous l'Antiquité à relire les considérations d'Aristote sur la hiérarchie de valeur qu'il prête aux différences innées, selon lui, entre les Grecs et les « Barbares ». Le Moyen Âge n'en est pas exempt en raison, par exemple, du lien de la Conquête arabe avec l'extension de l'esclavage ou de la Reconquista espagnole avec l'idée de « pureté du sang ». Elle prend cependant son essor dès l'orée des Temps modernes avec les Grandes découvertes, lorsque les navigateurs européens se lancent dans l'exploration des autres continents, l'Afrique, l'Amérique, l'Asie et l'Océanie et commencent à désigner les êtres humains qui y vivent et qui leur apparaissent différents d'eux par leur carnation : ils les disent « noirs », « jaunes », voire « peaux rouges », tandis qu'eux-mêmes ressortent à leur propres yeux et aux yeux de ces derniers comme « blancs ». L'exploration se fait rapidement exploitation. Il faut néanmoins attendre le règne des sciences qui accompagne le XVIIIe siècle pour que des auteurs, comme Buffon ou Linné, se saisissent de la notion pour tenter de classifier les populations humaines en les indexant sur une échelle arbitraire.

En tant que phénomène proprement moderne, le pseudo-concept de race profite au siècle suivant, le XIXe, du positivisme ambiant : on voit apparaître des planches anatomiques supposées représenter les traits caractéristiques de prétendus génotypes, agrémentées de mesures de la boîte crânienne, complétées de commentaires sur la forme de la chevelure ou du visage, etc. La méthode est d'ailleurs appliquée à la criminologie balbutiante qui procède alors d'une conception cauchemardesque de la génétique. Par la suite, redoublant les définitions toujours plus ethniques de nationalismes toujours plus déchaînés, le Peuple politique étant assimilé au *Folk* héréditaire, des particularismes non plus visuels mais prétendument culturels vont venir enrichir cette taxinomie sans fondement. Les Juifs européens étant de pigmentation claire, les nazis auront recours à des considérations délirantes de ce genre pour les distinguer des « Aryens ».

Évidemment, ces distinctions pseudo-scientifiques conduisent vite, avec ou sans Hitler, à une hiérarchisation : il y a des races « inférieures » et des « races supérieures » – la « blanche » bien entendu, mais aussi la « slave », la « turque », l'« arabe » qui animent le panslavisme, le panturquisme, le panarabisme à l'entour de 1914, la nippone dans le Japon impérial et impérialiste des années trente ou, par effet rebond, la « noire » pour les Blacks Panthers dans l'Amérique de 1968. Il a fallu attendre la biologie moléculaire – cette fois, une véritable science – pour comprendre que le concept de race était vide de sens. Comment ? En découvrant que les humains ont 99,9 % de gènes en commun, quelle que soit leur couleur de peau, et que le 0,1 % restant ne permet pas de faire des regroupements d'individus correspondant à une identité « raciale » forcément fictive et dangereuse. Sous les ultimes coups de boutoir que lui ont administrés l'anthropologie et l'ethnologie contemporaines, la race est tombée en désuétude.

L'éclipse a duré un demi-siècle, jusqu'à ce que le wokisme US la ressorte des poubelles de l'histoire, comme aurait dit Trotski. En France, il va prendre pour nom, entre autres, l'indigénisme. Ce courant apparaît chez nous en 2005 à l'initiative d'une poignée d'individus. Des biologistes, des généticiens, des anthropologues, des historiens ? Non, mais des lambins politiques, artistiques ou sportifs sans situation, des activistes humanitaristes sans cause, des militants communautaristes ou altermondialistes sans horizon, le tout sans oublier les inévitables islamistes qui sont eux formés, déterminés et à l'affût. Leur credo ? Non plus le racisme, mais le racialisme qui remplace la hiérarchisation biologique par le différentialisme culturel, lutte moins contre l'idée de supériorité que contre l'idée de mixité et garde du marxisme l'idée de lutte en l'appliquant non plus aux classes mais aux clans. C'est l'avènement de l'intersectionnalité, autrement dit du recoupement des victimisations qui se déclinent en désignation, stigmatisation, stratification, paupérisation, discrimination, domination pour un même individu et au sein d'une même société.

Le racialisme nouveau, en cela, n'est pas le simple négatif inversé de l'ancien. Il distingue les Blancs, ou « racistes », et les « racisés », issus de l'immigration non-européenne. Les premiers, définis par leur « hérédité », sont depuis toujours les oppresseurs des seconds, définis par leur « couleur ». Les uns et les autres sont « essentialisés », pour reprendre un terme à la mode.

Pour ma part, je n'ai jamais fait autre chose, dans toute ma vie politique, que venir en aide à des « racisés », trouver des moyens de subsistance à des personnes démunies issues de quelque immigration que ce soit. Je ne les ai jamais opprimées. Mes parents, grands-parents ? Pas davantage. Quant à mes ancêtres, qu'ils aient vécu en Corse ou sur le continent, ils n'ont jamais dû, même, croiser la route d'un « racisé ». À l'époque de la traite atlantique des Africains, ils faisaient partie de cette misère de paysans qui vivaient chichement de leur terre dans quelque campagne reculée.

Abordons donc l'histoire et les réalités qu'elle livre, même si je suis horrifié par cette pratique humaine criminelle qui, tragiquement, se poursuit encore de nos jours sous d'autres cieux que les nôtres et que je condamne sans appel pour ce qu'elle a été hier comme pour ce qu'elle demeure aujourd'hui. Cette actualité persistante ne fait d'ailleurs que renforcer la nécessité que notre regard rétrospectif soit le plus exact possible si nous voulons vraiment en finir avec cette abomination sous quelque forme que ce soit.

Qui s'est livré, en France, au commerce triangulaire ? Cette traite qui consistait à acheter des esclaves sur les côtes de l'Afrique, à traverser l'Atlantique pour les vendre et revenir avec des cargaisons de matières premières des Amériques, comme le sucre, le café ou le cacao, a commencé au début du XVIe siècle pour se terminer au milieu du XIXe. La France s'y est livrée entre 1674 et 1848. À Nantes, Bordeaux, La Rochelle, Le Havre et Saint-Malo, 500 familles ont armé 2 800 navires. Ce sont quelques milliers de personnes qui se sont enrichies ou qui ont seulement vécu de l'esclavage, comme les matelots, dans une France qui comptait entre 21 et 36 millions d'habitants. Les autres Français auraient-ils pu s'y opposer ? Encore aurait-il fallu qu'ils en soient informés, ce qui n'était pas le cas. Et, quand bien même, comment s'y seraient-ils opposés dans une France qui était encore une monarchie absolue ?

Comment, d'autre part, les armateurs négriers se procuraient-ils des esclaves ? Le plus simplement du monde : en les achetant à des vendeurs africains et arabes sur des marchés dédiés. La traite était le résultat d'une coopération entre rois ou roitelets locaux, trafiquants maures, acheteurs, navigateurs et revendeurs européens. Tout le monde s'enrichissait. À l'origine, il existait un esclavage intérieur à l'Afrique. Il y avait des ethnies dominantes et des ethnies dominées. Les premières déclenchaient des guerres ou lançaient des razzias pour faire des prisonniers qui devenaient leurs assujettis. Entre 1300 et 1900, un tiers de la population du Sénégal était asservi. À partir du VIIe siècle, les chefs tribaux commencèrent à revendre des esclaves aux marchands arabes qui les déportaient vers les territoires conquis par les califats. Lorsque les navigateurs portugais arrivèrent à leur tour sur le continent, vers 1440, le commerce des hommes et des femmes était déjà florissant. Selon l'anthropologue sénégalais Tidiane N'Diaye, la quasi-totalité des esclaves africains fut vendue par d'autres Africains. Certains historiens estiment à 2 % la proportion des esclaves relevant de la traite Atlantique capturés par des Blancs. Pas par grandeur d'âme, rassurez-vous, mais pour des raisons économiques : l'entretien sur place d'Européens chargés de cette basse besogne aurait coûté trop cher.

Au total, quelque 11 millions d'Africains auraient été victimes de la traite occidentale au cours de ses trois siècles et demi d'existence, dont 11 % du fait d'armateurs français. Comme il convient d'être exhaustif et précis, il faut ajouter que la traite arabe d'esclaves africains a duré treize siècles sans interruption depuis la mort du prophète Mahomet et n'a été abolie en Mauritanie qu'en 1981. Il y a peu de temps encore, Amnesty International affirmait que ce pays recensait toujours 48 000 esclaves. De surcroît, cette pratique perdurerait également au Soudan, en Libye et dans le Golfe. Tidiane N'Diaye estime à 17 millions de personnes les victimes de cette traite orientale.

Je ne rappelle pas ici ces faits scientifiquement établis pour accabler qui que ce soit, mais parce qu'on ne combat pas un fléau par le mensonge, fût-il par omission. Certains ont interdit que l'on parle de la traite orientale pour ne pas culpabiliser les immigrés arabo-musulmans. Mais ces derniers ne sont pas davantage responsables de cette traite que je ne le suis du commerce triangulaire. Ce n'est pas par la dissimulation, en cachant la vérité historique, que l'on expliquera à nos compatriotes tentés par l'indigénisme qu'il n'existe pas d'oppresseurs et d'opprimés par essence. Ce que veulent les indigénistes, c'est détourner l'histoire pour créer des conflits entre nos concitoyens de différentes origines.

C'est ainsi qu'une militante indigéniste a qualifié de « souchiens » les Français d'origine européenne. Ce néologisme fait évidemment référence aux Français « de souche », mais il n'est nul besoin d'être lacanien pour entendre sous ce signifiant le signifié « sous-chien ». Il y a longtemps que l'on n'avait pas entendu, chez nous, quelqu'un désigner par des mots pareils d'autres êtres humains afin de les animaliser. Personne ne devrait donc s'étonner que ce racialisme de néo-gauche véhicule un retour de l'antisémitisme sous de nouveaux oripeaux. Dans l'assourdissant silence embarrassé qui a suivi l'affaire des sous-chiens, *L'Obs*, successeur du *Nouvel Observateur* qui fut un admirable phare de la gauche intellectuelle, sauve l'honneur. Sous le titre « Le racisme anti-Blancs existe », le magazine estime que ce jeu de mots est aussi répugnant que le « Durafour crématoire » de Le Pen et que les chambres à gaz « détail de l'histoire ». *L'Obs* note d'ailleurs que l'indigéniste à l'origine de ces propos « a du mal à voiler son apologie de l'antisémitisme derrière un antisionisme de façade ». En revanche, la néogauche s'est abstenue de condamner ces propos.

Trois quarts de siècle après la fin de la Seconde Guerre mondiale, voilà qu'il est redevenu acceptable, pour certains courants politiques, de vomir sa haine raciste. Dans les années trente, c'était l'extrême droite, Léon Blum en ayant d'ailleurs été souvent la cible. Aujourd'hui c'est à l'extrême gauche. Haine des Juifs, toujours, mais aussi haine des Blancs, haine des Européens, haine des Français, haine des chrétiens, haine des laïcs, haine des intégrés, haine de l'autre quel qu'il soit. Par conséquent, il est plutôt surprenant d'entendre les mêmes dénoncer un prétendu « racisme systémique » qui serait constitutif de la France.

Entendons-nous bien sur les mots : un racisme systémique signifierait que nous avons mis en place un arsenal législatif et des pratiques gouvernementales conduisant à administrer le pays selon des principes racistes. Cette organisation était propre aux États tels que le Troisième Reich de l'aryanisme, l'Afrique du

Sud de l'apartheid. Le concept pourrait à mon sens toujours désigner les pays dont la constitution et les lois infériorisent nommément les femmes en leur déniant toute autonomie ou les adeptes de cultes minoritaires en les déclarant impies. Ce n'est pourtant pas eux que prétend combattre la néogauche.

L'indigénisme est indissociable du décolonialisme. Qui de sensé ne serait pas partisan de la liberté des peuples à disposer d'eux-mêmes ? Je crois avoir été de tous les combats antiracistes et anticoloniaux depuis l'âge de quinze ans. Avec la disparition des anciennes générations et l'éducation des nouvelles, j'ai pu constater que ces idées sont très largement partagées. Mais la néogauche soutient l'inverse. Pour elle, c'est la France qui serait à « décolonialiser ». Cette berlue appelle, là encore, à examiner l'histoire.

Notre aventure coloniale commence sous François Ier avec le débarquement au Canada de Jacques Cartier, se poursuit en Amérique mais un peu plus au sud, et en même temps en Inde. Les décolonialistes l'ignorent, mais le Québec est francophone parce qu'ancienne colonie française. La Nouvelle Orléans en fut aussi une, de même que toute la Louisiane et que Saint-Louis, dans le Missouri, ainsi appelés en l'honneur de Louis XIV. Mais ce n'est pas cette colonisation que nous reprochent les décolonialistes.

Ensuite, en effet, la France a conquis l'Algérie, qui n'était pas encore une nation mais un territoire de l'Empire ottoman et en constituait la pointe ouest extrême face aux rivages de la Méditerranée occidentale. Le peuplement du Maghreb est très ancien : le plus vieux foyer mondial d'*Homo sapiens*, notre espèce humaine, qui est daté de 300 000 ans, a été découvert à Djebel Irhoud, au Maroc. Les civilisations de la Préhistoire sont considérées comme étant indigènes à l'Afrique du Nord : les Ibéromaurusiens, les Capsiens dont la langue est à l'origine des idiomes berbères, y sont présents depuis des millénaires. Ces populations se sont ensuite métissées avec des marins phéniciens et des fermiers anatoliens pour donner Carthage, puis la région a été colonisée par Rome et christianisée à partir du IIIe siècle. C'est ainsi que figurent parmi ses enfants les plus illustres Hannibal et saint Augustin. Lors des grandes invasions, elle a aussi subi une influence vandale, du nom de ces tribus venues de Germanie qui y installent un royaume barbare que Byzance absorbe, au VIe siècle, sous le règne de Justinien par l'entremise de Bélisaire, le généralissime d'Orient.

Cette terre initialement de diversités n'est envahie par les troupes de la dynastie arabo-musulmane des Omeyyades, issue de La Mecque, qu'à la toute fin du VIIe siècle. L'occupation, cette fois, va être totale. Il s'agit bien d'une colonisation sous l'égide du Croissant qui, les Turcs prenant le relais en 1561 grâce aux frères Barberousse, va durer douze siècles. Une colonisation qui va changer les peuples, qui va changer la langue, qui va changer la religion. Les autochtones sont peu à peu assimilés à la culture de l'envahisseur. L'arabe s'impose comme langue officielle, tandis que les langues berbères d'usage sont métissées. Enfin l'Afrique du Nord est islamisée, de force, évidemment. Elle prend le nom qu'on lui connaît aujourd'hui, le Maghreb, précisément *al-Magrib al-'Arabi*, « le Couchant arabe » ou l'« Occident arabe » par rapport aux Lieux Saints du Coran. Pensez-vous que cette colonisation était plus douce que celle de la France après 1830 ? En tout cas, les peuples originels d'Afrique du Nord, gens de la Méditerranée au même titre que les Grecs ou les Romains, n'avaient a priori aucune vocation à appartenir au monde arabo-musulman. Mais la colonisation en a décidé autrement.

Après l'Algérie et à la suite de la monarchie de Juillet et de la Seconde République, le Second Empire et la Troisième République ont aussi colonisé l'Afrique noire et l'Indochine. Une telle mainmise est plus que discutable. A-t-elle pour autant constitué un crime contre l'humanité ? Non, car ce concept juridique créé en 1945 par le tribunal militaire de Nuremberg pour juger les Nazis désigne une entreprise totale et totalisante de « violation délibérée et ignominieuse des droits fondamentaux » recourant systématiquement aux pires moyens pour atteindre sa finalité. Tel n'était pas le dessein de la colonisation française. Le meilleur indice en est le facteur religieux : ni la monarchie de Juillet ni le Second Empire, pourtant bénis par l'Église, n'ont fait preuve d'un zèle démesuré pour évangéliser les Algériens. Pareil pour l'Afrique noire, car ce n'est pas la Troisième République qui convertit certaines populations au catholicisme, mais les Pères blancs, ainsi appelés en raison de la couleur de leur soutane et non de leur visage. Enfin, il serait faux de penser que le colon et le missionnaire marchaient main dans la main tels le sabre et le goupillon. Non seulement les débats houleux sur la laïcité qui se déroulaient dans la métropole continuaient de retentir par-delà les mers, mais de surcroît leurs intérêts sur place pouvaient se révéler divergents.

Au XIXe siècle, tous les États européens qui disposaient d'une puissance navale et militaire tâchaient de se tailler des empires coloniaux, en Afrique ou en Asie. Le Royaume-Uni, les Pays-Bas, la Belgique, l'Allemagne, l'Espagne, le Portugal, l'Italie... En France, le plus ardent propagandiste de la colonisation fut Jules Ferry, qui est toujours l'une des icônes de la gauche au titre de son militantisme pour l'instruction publique. En revanche, Georges Clemenceau lui fut farouchement hostile sur cette question. Preuve qu'elle était débattue. Néanmoins, la France finit par se lancer à corps perdu dans cette aventure mais pas, comme le prétend la vulgate marxiste, pour piller cyniquement les ressources naturelles de ces contrées. Ces richesses lointaines n'étaient vraiment pas la préoccupation du capitalisme naissant. Face à des populations qui ne bénéficiaient pas des avancées du progrès enregistrées en Europe, les républicains de gauche se découvrirent une « mission civilisatrice ». Victor Hugo – référence de gauche s'il en est – rêvait de créer les États-Unis d'Europe avec le projet de coloniser l'Afrique et l'Asie pour leur apporter les Lumières. Était-ce une vision « ethnocentrique » ? Peut-être chez certains et chez les plus idiots, certainement. Mais la tension de ce mouvement était d'abord universaliste et correspondait à la « religion de l'humanité » qu'appelaient de leurs vœux les Encyclopédistes et que corroboraient les expéditions savantes qui faisaient grand cas des civilisations toutes différentes les unes les autres qu'elles découvraient et inventoriaient pour les porter à la connaissance de quidams le plus souvent fascinés.

Mais la France n'a-t-elle pas, malgré tout et pour reprendre une expression peu flatteuse, fait « suer le burnous » ? Sûrement, les colons étant venus cultiver les terres locales pour s'enrichir. En conséquence, les populations autochtones, alors considérées comme de « inférieures », étaient exploitées, payées à coups de trique, maltraitées. Mais il suffit de lire Émile Zola pour se rappeler que tel était également le sort des ouvriers de la métropole. Y a-t-il a eu d'autres massacres coloniaux que Sétif, Madagascar et Thiaroye ? Cela ne fait aucun doute. La violence est partout présente dans l'histoire des colonisations et dans l'histoire tout court.

Sommes-nous, nous les Français des années 2020, responsables de la conquête et de la mise sous tutelle de l'Afrique au cours des siècles passés ? Pas plus que de la traite atlantique, évidemment. Mais comme la

Révolution, l'histoire est un bloc. On peut regretter que la France ait colonisé l'Algérie, que Napoléon ait envahi nos voisins, que Robespierre ait guillotiné ses contemporains ou que Louis XIV ait ravagé le Palatinat, il n'en reste pas moins que ces événements feront toujours partie de notre histoire. Aussi abominables qu'aient été les crimes du nazisme, il ne sert à rien de les reprocher aux Allemands contemporains. En août 2022, lors de son voyage officiel en Algérie, Emmanuel Macron a déclaré : « Le passé, nous ne l'avons pas choisi, nous en héritons, c'est un bloc, il faut le regarder et le reconnaître. » Il a ensuite annoncé la création d'une commission d'historiens algériens et français pour étudier les archives sur la colonisation et la guerre d'Algérie. Présent à ses côtés, son homologue Abdelmadjid Tebboune a lui aussi manifesté sa volonté de voir les tensions s'apaiser entre les deux peuples. Seront-ils, l'un ou l'autre, entendus ?

Pour clore le sujet, je voudrais évoquer un procès d'intention lancinant. La néogauche et les islamistes ont inventé, avec l'« islamophobie », une arme dont ils se servent à l'encontre de quiconque s'oppose à eux. Le succès de ce concept repose sur son ambiguïté. Au sens littéral, ce néologisme peut désigner, comme son étymologie le montre, une peur ou une aversion très vive à l'égard soit de l'islam, une religion, ou de l'islamisme, une politique.

Dans la première hypothèse, rien n'interdit, me semble-t-il, à un citoyen d'exécrer une religion, une philosophie, une croyance, une conviction, ou toute autre construction intellectuelle. Au regard de la loi française, qui ignore sagement la catégorie forcément subjective et variable du « sacré », une telle forme de détestation, dès lors qu'elle relève de la liberté de conscience ou d'expression et s'y cantonne, n'est tout simplement pas répréhensible. Je sais bien que certains exigent que l'on pénalise le blasphème, mais ils oublient ou ignorent que ce serait contrevenir aux principes fondamentaux de notre République. Nous autres, citoyens, avons donc le droit de critiquer et de caricaturer les crédos, quels qu'ils soient. Depuis un siècle, l'anticléricalisme ne s'en est d'ailleurs pas privé au détriment du catholicisme.

Dans la seconde hypothèse, le droit est encore plus limpide, l'islamisme n'étant pas une religion, mais rien d'autre qu'un corpus militant, conquérant et totalitaire. Comment ne pas craindre, en effet, et ne pas abhorrer une doctrine radicale qui sème la guerre, la terreur et la misère partout où elle passe en étant sûrement responsable de la mort violente de plus de deux millions de gens, principalement au Proche et au Moyen-Orient, depuis une quarantaine d'années ? Qui pourrait interdire à un citoyen d'être effrayé voire de détester le nazisme, le fascisme, le stalinisme, le communisme, le poutinisme ou toute autre idéologie dictatoriale ? Dans cette acception du néologisme, l'« islamophobie » serait alors compréhensible.

Il faut remarquer que, dans l'une ou l'autre de ces hypothèses, il n'est nullement question de haine des musulmans ou de tout autre adepte de quelque religion que ce soit. Seulement voilà, la néogauche et l'islamisme ont choisi de donner un tout autre sens à leur « islamophobie » qui n'a rien à voir avec l'étymologie. Selon eux, il s'agit d'une haine à l'endroit des populations originaires du Maghreb et des Arabes. La manœuvre est grossière mais à force de la seriner, certains finissent par l'entendre.

Laissons le dernier mot à Salman Rushdie qui a payé très cher le droit de ne pas se laisser prendre à ce piège. À propos de l'« islamophobie » et du racisme, le grand écrivain rappelle simplement que « l'islam n'est pas une race et que l'idéologie n'est pas une catégorie ethnique ». Pas plus, on va le voir, qu'il suffit de se repeindre en vert au dehors pour cesser d'être rouge au-dedans.

8.

L'ÉCOLOGISME SE SOUCIE MOINS DE LA PLANÈTE QUE DE DÉTRUIRE LA CIVILISATION OCCIDENTALE

Voilà l'ultra-gauche devenue écolo… Pendant que les Iraniennes se font massacrer pour la liberté, pendant que les Ukrainiens se font massacrer par l'envahisseur russe, notre ultra-gauche écolo met à feu et à sang un coin du département des Deux-Sèvres où une poignée d'agriculteurs a eu l'idée, manifestement mauvaise pour nos néopuritains, de construire un bassin d'irrigation. Ces écologistes d'un genre un peu particulier sont en effet venus raser leur édicule et casser tout ce qui pouvait tenir debout alentour au titre du respect de l'environnement et au nom de la justice sociale. Le ministre de l'Intérieur les a qualifiés d'« écoterroristes », provoquant immédiatement des cris d'indignation sur les bancs de la néogauche. Oser de pareils qualificatifs à l'encontre de militants qui ne font qu'user de leur droit démocratique à manifester pour une cause juste est proprement insupportable, n'est-ce pas ? Ce Darmanin, on ne peut plus en douter, tient le discours de l'extrême droite des années trente, se sont égosillés les uns ; cela rappelle les heures les plus sombres de notre histoire, se sont scandalisés les autres. À moins que l'incident ne convoque d'autres souvenirs mieux fondés.

Ce n'est pas la première fois que la cause écologique conduit à des affrontements ultra-violents. Dès juillet 1977, une manifestation dégénéra sur le site de Creys-Malville, en Isère, où EDF projetait de construire une centrale nucléaire. Il y eut un mort. Cinq ans après, le chantier du réacteur fit aussi l'objet d'un attentat... au lance-roquettes. L'enquête ne permit pas d'identifier l'individu qui avait tiré les cinq projectiles mais, vingt ans plus tard, un député écologiste suisse révéla en être l'auteur. Il affirma s'être procuré le RPG-7 soviétique utilisé pour cette attaque auprès de la Fraction armée rouge, par l'intermédiaire du terroriste Carlos et des Cellules communistes combattantes. Il faut savoir que la Rote Armee Fraktion, aussi appelée bande à Baader, était un groupuscule terroriste qui était en cheville avec la Stasi, les services secrets de la RDA communiste, ainsi qu'avec le FPLP, le Front populaire de libération de la Palestine, groupe également terroriste mais manipulé par Damas pour le compte de Moscou. D'où la provenance de l'arme. Mais baste, l'éco-canardeur justifia son geste en prétendant qu'il s'agissait d'une action non violente.

Creys-Malville, c'était le hors-d'œuvre. Après, on a eu droit à Notre-Dame-des-Landes. La commune de Loire-Atlantique devait accueillir un nouvel aéroport pour remplacer celui de Nantes qui était saturé. Pendant des années, deux ou trois cents hurluberlus se sont incrustés sur le site pour empêcher par tous les moyens que l'équipement ne soit construit. Lassé des scènes de guérilla, le gouvernement a fini par jeter l'éponge.

Qu'il s'agisse des réserves d'eau, de la centrale électrique ou de l'aéroport, chaque projet avait été soumis à des enquêtes d'utilité publique, avant de donner lieu à des consultations d'élus, puis à des échanges avec les populations locales. Bref, les procédures les plus exigeantes en cours dans les pays démocratiques avaient été respectées. N'importe, une minorité qui estime détenir la vérité contre l'opinion de la majorité l'a emporté à chaque fois. Par souci d'apaisement, les gouvernements lui ont toujours donné raison.

Partant, il était inévitable que ces groupuscules se sentent invincibles. Pas étonnant que le mouvement écologiste lui-même se sente en droit d'imposer sa vision du monde à l'ensemble des Français, bien qu'il ne réalise que des scores marginaux dans les scrutins nationaux : pas plus de 4,63 % des voix à l'occasion de la présidentielle de 2022, de 2,31 % des suffrages lors de celle de 2012 et de 1,57 % en 2007. Son positionnement idéologique est à lui seul une longue histoire, car aucune logique ne prédestinait la défense de la nature à se retrouver à l'extrême gauche, surtout si l'on pense au désastre environnemental que la défunte Union soviétique a laissé derrière elle. Mais peut-être, en raison de la convergence des extrêmes, de rouge à brun et de brun à rouge, la glorification illimitée de la nature à laquelle s'est livrée le totalitarisme nazi a-t-elle fini par inconsciemment l'inspirer, qui sait ?

L'écologie, en France, avait deux ailes jusqu'à la fin du XXe siècle. Celle de gauche était conduite par Yves Cochet, désormais acquis à la collapsologie et vivant retiré dans un repaire survivaliste du côté de Rennes. L'autre était de droite, dirigée par Antoine Waechter, qui ne manquait pas de légitimité, il faut bien le reconnaître, pour prendre la tête de toute la famille. Fort d'une thèse de doctorat sur « l'éthologie et l'écologie de la fouine », l'Alsacien était tout d'abord l'un des rares écologistes à avoir acquis des connaissances théoriques liées aux questions environnementales. Enfin, il était, avec Daniel Cohn-Bendit, le seul élu de cette couleur à avoir franchi la barre des 10 % lors d'une élection majeure (les européennes de 1989).

Dans la décennie suivante, le mouvement écolo s'est résolument ancré à gauche, tandis que son aile droite a été marginalisée, pour ne pas dire exclue du paysage. Pour le Parti socialiste, il est devenu un allié, mais aussi, déjà, un allié imprévisible. Ce qui nous a d'emblée inquiétés a été de voir les Verts attirer à eux une foultitude de personnages issus de l'extrême gauche, dont la connaissance des théories trotskistes ou maoïstes l'emportait nettement sur les compétences en matière d'environnement. Nous étions alors nombreux à pressentir que des difficultés insurmontables n'allaient pas tarder à survenir. En particulier sur des sujets qui faisaient jusque-là consensus au sein de la gauche de gouvernement, comme le dossier nucléaire. Au moment où l'on a commencé à parler de décarboner la production d'énergie, il ne nous pas semblé du tout raisonnable de fermer Superphénix – le surgénérateur de Creys-Malville évoqué précédemment – qui représentait une filière d'avenir face au réchauffement climatique. Mais les Verts l'exigeant, Lionel Jospin a eu la faiblesse de l'ordonner.

Peu à peu, on a senti les écologistes partir à la dérive. C'était encore peu visible quand Eva Joly s'est présentée à l'élection présidentielle de 2012 ou lorsque Yannick Jadot a réussi un score aux européennes de 2019. Il y avait des signes annonciateurs du psychodrame, pourtant. Mais au lendemain des municipales de 2020, la radicalité des écologistes a éclaté au grand jour avec les extravagances de certains maires. L'impression s'est confirmée un an plus tard à l'occasion des primaires destinées à désigner le candidat écolo à l'élection présidentielle de 2022. Jadot, le plus modéré, ne l'a emporté que d'un cheveu. La cause de ce tumulte ? Par calcul politique ou effervescence incontrôlable, les écologistes ont ainsi et tout bonnement doublé Mélenchon sur sa gauche.

Depuis, c'est la foire d'empoigne. Convaincus, dès le lendemain de la présidentielle, qu'ils auraient fait mieux que Yannick Jadot, les ultras ont crié haro sur le baudet, se déchaînant contre leur tête de liste dont ils ont fait leur tête de Turc. À la manif de Sainte-Soline, dans les Deux-Sèvres, Yannick Jadot a été forcé d'écouter les propos aussi agressifs qu'imbéciles qu'une poignée de ses « amis » déguisés en *black blocs* étaient venus lui tenir. Pour faire bonne mesure, ces grands esprits ont aussi abîmé sa voiture de location, en barbouillant à la peinture blanche le mot « CREVURE » sur sa carrosserie. Moi, ça ne me rassure pas de penser que ces gens-là veulent prendre en main les destinées « de la planète ». Dans quel état la mettraient-ils si on les laissait faire ?

Les déboires de Jadot n'ont pas désespéré Montreuil. Au siège d'EELV, il s'est même trouvé des caciques pour applaudir. Il n'est pas certain que cette manie de donner un blanc-seing aux actions les plus sordides comme les plus idiotes fera sortir les écolos de leur marginalité. Ils ont gagné plusieurs grandes villes, me direz-vous. C'est vrai et, d'ailleurs, leurs administrés commencent à le regretter. Pas tant à cause des restrictions à la circulation, auxquelles tout le monde s'attendait : après tout, le trafic des particuliers est responsable, en France, de 16 % des émissions de CO_2, ce qui signifie que le pourcentage est encore supérieur en ville. Ce qui exaspère davantage, c'est l'incroyable litanie de fantasmagories débitée par ce mouvement. Il y a eu le sapin de Noël revisité en arbre mort, la véganisation des cantines, la suppression des baptêmes de l'air offerts par un club d'aviation aux enfants handicapés et le reste, mais le ruban bleu a été remporté haut la main par la ville natale de Victor Hugo. En 2003, l'artiste sénégalais Ousmane Sow avait réalisé une très belle statue de l'écrivain que Besançon avait installée sur une place publique. C'était une sculpture en pied, couleur bronze, que la récente maire écolo de la ville a trouvé judicieux de repeindre en homme noir. La veuve du grand sculpteur s'est insurgée, mais en vain. Peut-être aurait-elle dû expliquer à l'édile que Victor n'était pas l'auteur de *La Case de l'oncle Tom*. Il y a bien sûr plus grave, comme cette histoire d'écoles « dégenrées » qui exhale un fumet particulièrement orwellien. Le rôle de l'école n'est pas selon moi de se pencher sur le genre des petits garçons et des petites filles mais de leur enseigner la lecture et le calcul, ce que d'ailleurs elle fait de moins en moins bien. Les écologistes seraient donc bien inspirés de ne pas s'occuper du sexe des anges pour s'intéresser davantage à la propreté de plus en plus douteuse de leurs communes. Ce qui les guérirait sans doute de leur propension à la purge culturelle.

Mais non, la salubrité n'est pas leur fort. Pas plus que la rationalité. Sitôt au pouvoir municipal, les écologistes se détournent des sujets que leur étiquette devrait les inciter à privilégier pour s'occuper de tout autre chose. Le maire de Bordeaux, par exemple, a décidé de faire abandonner par l'État la ligne ferroviaire à grande vitesse qui doit relier sa ville à Toulouse. Après l'automobile et l'avion, voilà que le train est lui aussi condamné. Rêverait-on de nous faire revenir au char à bœufs ?

Pour en rester aux bêtes à cornes, cette politique est évidemment de l'écologie à front de taureau et je n'imagine pas un instant que cela puisse faire reculer le réchauffement climatique, pas davantage d'ailleurs que la nouvelle manie qui pousse certains imbéciles à vandaliser les peintures de Monet ou de Van Gogh. En octobre 2022, on a même vu une bande de zozos venir se coller les mains sur le sol du musée Porsche de Wolfsburg, en Allemagne. La firme de bolides a dû de résoudre à les laisser englués tout un week-end, sans lumière, sans chauffage et sans la possibilité de se rendre aux toilettes, avant d'appeler le lundi matin la *Politzei* qui est venue les secourir. Absurdité pour absurdité, qui rétablira un peu de raison dans cette ménagerie qui serait cocasse si elle n'était consternante et, en fait, sinistre ?

Pour les Français, tout cela ne paraît cependant pas sérieux, voire s'avère choquant. Parions qu'en apprenant que l'on pouvait balancer de la purée sur des chefs-d'œuvre, ils se sont dit, médusés : « Si c'est ça, l'écologie... » Oui, c'est ça, l'écologisme. Et je suis persuadé, pour ma part, que cette agit-prop morbide dessert la cause climatique. Les Français seraient davantage disposés à soutenir les politiques environnementales si elles ne leur semblaient pas liées aux délires de l'ultragauche.

Que sont capables de proposer aux Français ses sectateurs, à l'exception du tout répressif, du diptyque récurrent de la repentance et de la punition ? Ces gens-là ont une culture d'assemblée générale, acquise dans les mauvaises facs où l'on languit d'obtenir un demi-diplôme qui ne sera jamais reconnu que par Pôle Emploi et où, en attendant, on se distrait en mimant chaque printemps un ersatz de révolution. C'est ce qui les pousse à cette fuite en avant vers toujours plus de radicalité, jusqu'à trouver légitime, de s'approprier ce qui ne leur appartient pas, de détruire impunément ce qu'ils croisent sur leur route et de s'attaquer aux forces de l'ordre en souhaitant qu'advienne le pire. Il y a longtemps – cela remonte sans doute à mai 1968 – que la violence est d'extrême gauche. On nous alerte depuis des lustres sur la menace fasciste, mais la misc en péril des institutions se trouve d'abord et surtout à l'autre extrémité de l'échiquier politique. La violence de rue est depuis longtemps l'apanage de groupuscules bénis par la néogauche. L'écoterrorisme, car tel est bien son nom, ne fait pas exception. Or, cette extension exponentielle du « domaine de la lutte » ne s'applique pas qu'à la nature mais vise aussi l'intime.

9.

Un néoféminisme crépusculaire

La France est devenue une société libérale. Je ne parle pas d'économie, où ce serait plutôt l'inverse, je parle du « sociétal », et notamment de ce qu'on appelait autrefois les mœurs. Jusque dans les années soixante, la France était très collet monté. Et puis, il y a eu la révolution des années soixante, le mouvement hippie, le *flower power*, une jeunesse qui ne voulait plus de cette rigidité. C'est cet appel existentiel qui a ébranlé la forteresse, pas les discours marxistes de mai 1968. Cessons d'être naïfs : les établis maoïstes en usine et les grévistes de la CGT ne voulaient pas changer notre monde pudibond. Dans les décennies suivantes, d'ailleurs, la Chine comme l'URSS sont restées sur ce plan aussi conservatrices que l'était la France des années cinquante. La vérité, c'est que les enfants de la bourgeoisie jouant au Grand Soir ont curieusement tenu à passer par Pékin pour rejoindre San Francisco.

Le droit des gens à disposer d'eux-mêmes, des femmes à disposer de leur corps, le droit à la contraception et à l'avortement, celui des lesbiennes et des gays à vivre leurs amours selon leurs désirs... Il n'y a pas beaucoup d'endroits sur la planète où ces avancées sociétales se sont accomplies. L'Occident, c'est-à-dire l'Amérique du Nord, l'Europe de l'Ouest, Israël, l'Australie et la Nouvelle-Zélande en sont la pointe avancée. Une poignée d'autres pays sont relativement tolérants avec ces évolutions. En revanche, les homosexuels sont exécutés sur les places publiques de Téhéran ou de Riyad au nom de la charia et, hier encore, de Mossoul par les djihadistes de Daesh. Ils sont encore passibles de la peine de mort dans plus de soixante-dix États.

Ce libéralisme sociétal nous est aujourd'hui reproché par le monde entier mais il est férocement attaqué par la mouvance islamiste dont relèvent les Frères musulmans, tellement présents dans nos banlieues. C'est dramatiquement vrai dans les pays de tradition coranique où la pendaison et la lapidation sont appliquées aux homosexuels. Le Qatar fait partie de ce club sinistre, ce qui n'a pas empêché la Fédération internationale de football de lui confier l'organisation de la dernière coupe du monde et de bâillonner les équipes nationales qui avaient l'intention de protester. Sans aller jusqu'à adopter officiellement la charia, de nombreux pays, comme l'Égypte, ont récemment durci leur législation. Seuls la Jordanie et Bahreïn ont aboli les lois criminalisant l'homosexualité.

Notre supposé laxisme moral est aussi l'un des prétextes invoqués par le satrape du Kremlin pour envahir l'Ukraine, Poutine et son clan mafieux voulant empêcher leur voisin de basculer du côté de l'Occident « décadent ». Ses camarades et lui nous considèrent comme l'Europe dégénérée. Comme autrefois Adolf Hitler et ses sbires en uniforme SS.

Décadent ? Dégénéré ? Ce vocabulaire désigne beaucoup d'aspects de notre culture et de notre mode de vie, mais ne nous leurrons pas, la tolérance des Français à l'égard des LGBT figure à la première place dans cette polémique éhontée et honteuse. D'ailleurs, après l'avoir fait une première loi en 2013, Moscou a encore renforcé sa législation répressive en octobre 2022. Désormais, les médias, internet, la littérature, le cinéma ou la publicité qui feraient « la promotion de relations sexuelles non traditionnelles » seront sanctionnés. « Nous devons protéger nos citoyens et la Russie de la dégradation et de l'extinction, des ténèbres répandues par les États-Unis et les États européens », justifie Viatcheslav Volodine, le président de la Douma de Russie, non pas élu mais « proposé » à ce poste par le nouveau tsar.

Mais, chez nous, les activistes qui entendent instrumentaliser le mouvement LGBT ont choisi leur bouc émissaire. C'est la France qui est transphobe et personne d'autre. Il paraît même que nous vivons dans une haine inextinguible des homosexuels. Vous ne l'aviez pas remarqué ? Eh bien, c'est la néogauche qui vous le dit et vous avez intérêt à la croire à moins d'être renvoyé dans le camp de la réaction en attendant, sans doute, de goûter à d'autres camps. Où se tapit toutefois cette fameuse « haine » française de l'autre dont le politburo de Mélenchon nous rebat les oreilles ? Est-ce en France que l'on massacre les LGBT ? N'est-ce pas plutôt, je l'ai dit, à Téhéran et à Riyad ? Oui, mais la sphère occidentale n'est pas exempte d'horreurs, me répliquera-t-on. Certes. Mais alors, n'est-ce pas plutôt à Orlando, en Floride, où, en juin 2016, un Américain d'origine afghane a tué 49 personnes dans une boîte de nuit fréquentée par les homosexuels, une fois encore au nom de l'islam ? Mais alors n'est-ce pas plutôt à Colorado Springs, où, en novembre 2022, un Américain bon teint a ouvert le feu dans une discothèque gay, faisant 5 morts et 18 blessés, au nom du suprémacisme ? Décidément, les extrêmes font bon ménage.

En l'absence de tragédies comme les pendaisons proche-orientales et les fusillades américaines, d'interdictions comme celles des marches des fiertés en Russie ou en Chine, on manque d'éléments concrets pour mesurer la férocité de la haine française. La Manif pour tous ? Le mariage étant à l'origine un acte religieux entre un homme et une femme, faut-il s'étonner que les autorités des cultes historiques déclarent publiquement leur opposition aux unions homosexuelles ainsi qu'à la procréation médicalement assistée (PMA) en l'absence de père et à la gestation pour autrui (GPA) ? Des manifestations de droite ? Oui, plutôt. D'extrême droite ? Oui, certains manifestants en étaient issus, et alors ? De quel droit une démocratie interdirait-elle à un courant politique de défiler paisiblement dans les rues ? Oui, paisiblement, car il n'y a jamais eu de violences dans ces cortèges. Interdit-on à l'extrême gauche de manifester ? Certes pas, même si ses descentes dans la rue sont souvent violentes et illustrées par des policiers et des pompiers agressés, des véhicules incendiés, des édifices dégradés.

Quoi d'autre pour mesurer cette prétendue « haine » française ? Le ministère de l'Intérieur tient une comptabilité des actes antireligieux : en 2021, le service central du renseignement territorial a recensé 1 659 délits de ce type, un chiffre en baisse constante depuis des années. Au nombre de ces actes antireligieux, on a recensé 857 faits antichrétiens, 589 faits antisémites et 213 faits antimusulmans. Pour la plupart, des profanations d'églises, de cimetières, parfois aussi de synagogues et de mosquées. Ainsi, en août 2012, deux têtes de cochon ont été déposées à l'entrée de la mosquée de Montauban. En mars 2019, c'est une seule devant celle de Bergerac, en Dordogne. En novembre 2022, les graffitis « Islam hors d'Europe » et « Division Charlemagne », du nom d'une ancienne division nazie composée de collabos français, ont été tagués sur les murs de la mosquée de Flers, dans l'Orne. Les actes antireligieux, c'est aussi cette trentaine de paroissiens de Nanterre agressés verbalement en décembre 2021, lors d'une procession aux flambeaux en hommage à la Vierge Marie.

Il y a des faits beaucoup plus graves. En juin 2019, l'imam de la mosquée de Brest a été blessé à coups de revolver. Ses blessures ne lui ont heureusement pas été fatales. L'auteur des coups de feu s'est suicidé quelques heures plus tard dans une forêt toute proche. En octobre de la même année, c'est avec un fusil qu'un individu de 84 ans a grièvement blessé deux fidèles qui sortaient de la mosquée de Bayonne. L'agresseur, un retraité de l'armée et ancien militant du Front national, fut arrêté et incarcéré, avant de mourir en prison quelques mois plus tard. Par chance, aucun musulman, en France, n'a été tué à ce jour en raison de sa religion.

En revanche, depuis vingt ans, onze juifs ont été assassinés parce que juifs. Parmi eux, Ilan Halimi, torturé à mort par le gang des barbares, les quatre victimes de l'Hypercacher, Mireille Knoll, le docteur Sarah Halimi assassinés au nom de l'islamisme. Et comment pourrait-on oublier le père Jacques Hamel égorgé à Saint-Étienne-du-Rouvray, en juillet 2016, par des djihadistes ? C'était la première fois depuis la Terreur robespierriste qu'un prêtre était assassiné devant l'autel.

À part les attentats de Paris, dont le Bataclan, où 130 personnes été assassinées, et l'attaque de la promenade des Anglais qui a fait 86 morts à Nice, il n'y a pas eu de massacres de masse. Parmi les victimes, il y avait aussi des personnes de confession musulmane. Et dans les rangs des assassins, il y avait des Français.

Cependant, il est difficile de voir une haine française à l'œuvre dans ces tragédies puisqu'elles ont été revendiquées par Daesh, autrement dit commises au nom de « l'État islamiste » contre des personnes désignées par un hasard malheureux à des tueurs nihilistes.

Qu'en est-il alors de cette « haine » contre laquelle ferraillent les enragés de la néogauche ? Elle est à peu près de même nature que le péril fasciste dont nous abreuvent les mêmes. Pas de semaine sans que les médias de la néogauche ne nous mettent en garde contre cet épouvantail. Personne ne contestera qu'il faille continuer de se battre contre les dérives complotistes des marges de l'ultra-droite, la démocratie est un combat permanent. Mais la « haine » française, la phobie généralisée, le racisme systémique sont des fables.

Souvenez-vous des procès de Moscou : il y avait des complots trotskistes, anticommunistes, capitalistes, impérialistes, nazis et tout ce qu'on veut d'autres « ennemis du peuple », si ce n'est que ces conspirations n'existaient pas. Seuls Mélenchon, Coquerel, Bompard, Quatennens et quelques autres chefs de la tribu crypto-révolutionnaire y croient encore, à ces conjurations contre-révolutionnaires, comme d'ailleurs ils croient à la haine systémique. Il faut se souvenir que ces fantasmes sont profondément enracinés dans la culture de notre extrême gauche. Ces gens-là sont fossilisés dans l'entre-deux-guerres. Ils en sont toujours au putschisme bolchevik de Lénine à Petrograd en

1917, spartakiste de Rosa Luxemburg à Berlin en 1918, conseilliste de Bela Kun à Budapest en 1919. Mais leur icône chérie et secrète reste la marche sur Rome de Mussolini en 1922. Dès lors, on ne peut pas vraiment s'étonner qu'ils voient des fascistes partout...

Or la véritable haine française, c'est le *French bashing* dont ils sont les champions tout terrain. Je n'ai jamais vu une pareille détestation de ce que nous sommes. Ni notre mode de vie, ni nos entreprises, ni notre culture, ni nos arts, ni notre histoire – à l'exception de la Terreur montagnarde –, ni même nos concitoyens ne sont épargnés. Je n'ai jamais vu d'attitude aussi négative. Passe encore qu'aucune politique publique, qu'aucune réforme, qu'aucune mesure proposée par aucun gouvernement depuis plusieurs quinquennats ne trouve grâce aux yeux de LFI et, partant, de la Nupes, c'est la règle universelle de l'opposition systématique, à la différence de l'opposition constructive que la social-démocratie a conduite contre les gouvernements de droite. Mais les entendre, les voir vomir la France avec une telle virulence ne laisse de me surprendre.

J'ai bien connu les communistes, notamment à Sarcelles, où ils ont tenu la mairie pendant près de vingt ans avant d'être dans ma majorité municipale : tout aussi adeptes de Marx, Lénine et consorts que leurs faux amis de LFI, c'étaient des gens qui aimaient profondément la France, qui ne passaient pas leur temps à dénigrer notre pays de l'aube au crépuscule.

S'ils étaient en désaccord politique quasi systématique avec la droite, la courtoisie restait de mise. Les contacts avec l'autre bord ne s'affichaient certes pas au grand jour, mais rien n'empêchait les députés de prendre un verre à la buvette afin de confronter des points de vue, de débattre sans effet de manche ou de tribune. C'est ainsi, me semble-t-il, que doit fonctionner la démocratie. C'est à des détails d'apparence anodine mais tellement significatifs que l'on voit également les communistes s'accrocher à notre civilisation, patinée par ses quinze siècles d'histoire, contrairement à la néogauche qui s'acharne à la détruire.

Pour en revenir au sujet de ma réflexion, je ne crois pas qu'il existe en France une haine à l'égard des personnes LGBTQIA+. J'ai cru comprendre que l'extrême droite elle-même avait changé de discours, assurant notamment ne pas vouloir revenir sur le mariage pour tous. Il s'agit peut-être d'une ruse, comme le croit le journal *Têtu*, mais l'existence est bien plus apaisée lorsque les propos ont cessé d'être à l'injure ou à la stigmatisation. Je ne me fais cependant pas d'illusion, de l'animosité subsistera à l'égard des lesbiennes, des gays, des transsexuels et d'autres personnes. L'agression de Julia est là pour le rappeler.

En France, l'hostilité de la culture musulmane à l'égard des personnes LGBT est loin d'être aussi exacerbée que dans les pays islamiques : la connaissance de l'autre et le débat public ont fait évoluer les mentalités les plus conservatrices. Mais certains archaïsmes persistent, ce qui oblige les élus à aller à la rencontre de ces populations pour expliquer les valeurs de l'universalisme. À Sarcelles, je l'ai fait pendant vingt ans. Qu'il s'agisse des homosexuels ou de religions minoritaires, comme les chrétiens d'Orient, il faut déminer sans relâche. Après la manifestation supposément « pro-palestinienne » de juillet 2014, je suis allé rappeler que nos concitoyens juifs avaient toute leur place en France, et que les conflits du Moyen-Orient n'avaient pas à s'inviter dans le débat municipal. La plupart de mes administrés l'ont parfaitement compris.

Quand une incompréhension aussi lourde de conséquences oppose des populations – rappelons que ce genre d'antagonismes cultuels ou culturels est à l'origine de vraies guerres civiles – il est indispensable de mouiller sa chemise pour aller au contact, parler, expliquer, faire de la pédagogie républicaine. De Mitterrand à Strauss-Kahn, je n'ai jamais vu la social-démocratie se réfugier dans le déni et injurier celui que le danger inquiète, comme le fait la gauche radicale. Les démocraties ne tuent pas les messagers.

Pour résumer, la néogauche juge les violences que subissent les personnes LGBT à la tête de l'agresseur. Son appréhension de quiconque harcèle ou agresse une femme est en tout point identique et procède du même tri idéologique. Il ne s'agit pas de laisser libre cours à la subjectivité des appréciations mais d'inverser systématiquement l'objectivité des faits. En bref, le coupable et la victime ne sont pas qui l'on aurait pu croire.

Le 31 décembre 2015, dans la nuit de la Saint-Sylvestre, un déchaînement de violences contre les femmes se produit simultanément dans plusieurs grandes villes d'Allemagne : 1 088 plaintes sont déposées à Cologne, dont 470 pour des agressions sexuelles et 618 pour des vols, coups ou blessures. Deux adolescentes de 14 et 15 ans sont violées par plusieurs individus. La police, qui a procédé à des arrestations, établit que les suspects sont majoritairement originaires du Maghreb et les autres du Moyen-Orient. Qu'ont fait les autorités allemandes ? Elles ont poursuivi ceux qui s'étaient rendus coupables d'un crime ou d'un délit. Et puis, elles ont fait de la pédagogie en direction des immigrés de ces origines.

En France, les militantes de la néogauche féministe n'ont pas protesté à l'unisson de leurs sœurs violentées outre-Rhin : certaines ont accusé de racisme les femmes qui avaient porté plainte. D'autres ont rappelé qu'en 1945 des millions de femmes allemandes avaient été violées par les soldats soviétiques sans que l'islam ne soit en cause. On mesure ici la perversion de ce raisonnement. Aucune plaignante de Cologne n'a jamais prétendu que les musulmans étaient des violeurs en puissance ou qu'ils seraient les seuls à l'être, à l'exception de tous les autres hommes. Qui d'ailleurs « essentialise » ainsi le désormais fameux « mâle blanc hétérosexuel », sinon la néogauche ? En tout cas, pas question de « culture du viol » à propos de cette nuit de cauchemar, ce concept ne pouvant évidemment s'appliquer qu'à un Occidental. Quant au salutaire « je te crois », il n'est plus davantage de mise, les femmes victimes de harcèlement à Cologne et ayant osé dénoncer cette réalité étant renvoyées à l'extrême droite.

Nos néoféministes de la néogauche n'ont pas cru davantage les Parisiennes des quartiers populaires. À la suite d'une nouvelle arrivée massive de réfugiés fuyant les guerres du Moyen-Orient, des femmes du quartier de la Chapelle, au nord de la capitale, se sont plaintes d'être harcelées, injuriées, agressées par des hommes seuls qui rôdaient sous le métro aérien. Les néoféministes ont aussitôt réagi, montant des beaux quartiers armées de pancartes pour venir injurier les plaignantes manifestement racistes et fascistes du XVIIIe arrondissement. Les outrances de ce « féminisme » d'extrême gauche donnent la nausée. On a même entendu certaines indigénistes prétendre qu'une « sœur » violée par un « frère » – sous-entendu, des personnes originaires d'Afrique ou du Moyen-Orient – devait s'abstenir de porter plainte car son agresseur était lui aussi une victime. De qui, de quoi ? Du suprémacisme blanc, autrement dit de la société occidentale.

Dans le même registre, la petite musique contre « les féministes blanches » que l'on commence à entendre est abjecte. Que sous-entend cette désignation ? Que le combat de Simone de Beauvoir, d'Élisabeth Badinter ou de Sylviane Agacinski ne doit pas s'étendre aux pays musulmans. Contrairement à ce que prétendent ces philosophes et militantes de l'égalité, le voile ne révèle pas une aliénation des femmes par des traditions ancestrales, un patriarcat ou une religion. Au contraire, il est le signe d'une émancipation parce que le porter relève de leur libre choix.

Cela explique que les néoféministes ne s'intéressent pas plus à la révolution des femmes iraniennes qu'à l'asservissement des femmes afghanes ou qu'au martyre des femmes yézidies. Le mouvement anti-Khomeini prenant de l'ampleur, elles se sont décidées à sortir de leurs confortables fausses certitudes pour enfin participer à une manifestation de soutien organisée place de la République par les Iraniennes de la région parisienne qu'elles se plaisaient à classer jusque-là dans la fachosphère. Mieux vaut tard que jamais. Mais à quel prix ?

La vérité, c'est que la néogauche néoféministe est un oxymore. L'extrêmisme pseudo-progressiste est friand de la rhétorique qui consiste à inverser le sens des mots : pour lui, la dictature s'appelle la démocratie tandis que le racisme est déguisé en antiracisme, et que l'insoumission consiste en la soumission à un fatras d'idéologies terrifiantes. En d'autres termes, comprenez que le néoféminisme est un antiféminisme. Ses adeptes se moquent bien de l'égalité des femmes et des hommes, de la libération de celles qui vivent sous le joug des archaïsmes patriarcaux et religieux. Améliorer le sort des femmes dans le monde partout où c'est nécessaire n'est pas ce qui les préoccupe. Ces militantes veulent seulement s'aligner derrière les théories fumeuses de l'extrême gauche pour créer une « situation révolutionnaire » qui leur permettrait de mettre à bas le vieux monde. Ce féminisme de façade n'est en réalité qu'un moyen de leurrer certaines femmes pour réaliser leurs projets. Alors haro sur le mâle blanc dominateur qui est la source unique de tous les maux, même si l'implication de ce coupable idéal relève surtout de la théorie du bouc émissaire. Les féminicides ? Ce sont toujours les mâles blancs, dénoncent-elles, même si les faits divers montrent que c'est loin d'être le cas.

L'extrême gauche serait-elle aussi féministe qu'elle le croit ? Et si l'on regardait quelle fut l'attitude des héros historiques de la néogauche ? Les pères fondateurs – Marx, Engels, Lénine, Staline, Mao... – qu'ont-ils fait, dans leurs beaux pays, pour soutenir la cause des femmes ? Rien. Mais commençons par le commencement, avec Robespierre, qui est, dans la chronologie, la première vache sacrée. Eh bien, le dictateur emperruqué et poudré n'a rien trouvé de mieux que de faire guillotiner Olympe de Gouges, la première féministe – auteur de *La déclaration des droits de la femme et de la citoyenne* – qui réclamait aussi l'abolition de l'esclavage pour les Noirs enchaînés dans les possessions françaises d'Amérique.

Cinquante-sept ans plus tard, Karl Marx engrossait la bonne pendant que son épouse avait le dos tourné. Et quand Jenny lui posait des questions à propos d'un ventre qu'elle voyait s'arrondir, le saint barbu lui répondait que la pauvre fille était enceinte des œuvres d'Engels. D'ailleurs, le brave Friedrich finit, entre deux boursicotages, par reconnaître le bâtard prolétarien, histoire de soulager la conscience de son mentor. Lénine ? Pas la trace d'éléments féminins dans les cercles dirigeants bolcheviques. Quant à Nadejda Kroupskaïa, sa compagne, elle fut menacée de mort par Staline avant que, très vraisemblablement, sa police secrète ne l'empoisonne. Le chef moustachu avait une femme qui se prénommait également Nadejda. Avant de la rencontrer, il avait fait des enfants partout. C'est peut-être pour cause de descendance trop nombreuse qu'après avoir épousé Nadejda Allilouïeva, de vingt ans sa cadette, il la força une dizaine de fois à avorter. Selon une confidente, la jeune femme était terrorisée par le tyran. Un jour de colère, Staline hurla à son épouse qu'elle était en fait sa fille, invoquant à l'appui de cette révélation l'aventure qu'il avait eue, criait-il, avec la mère de Nadejda trente ans auparavant. Ne pouvant supporter cette idée monstrueuse, Allilouïeva se suicida d'une balle dans le cœur, à moins qu'on ne l'ait suicidée parce qu'avec un pareil mari, rien n'était impossible.

Dans sa relation aux femmes comme en politique, Mao Zedong fut le digne successeur de Staline. À la différence que le père de la Chine communiste s'abstenait de terroriser son épouse Jiang Qing, une sorte de dragon en tenue militaire que passionnait davantage la répression des contre-révolutionnaires, fussent-ils imaginaires, que l'émancipation des femmes. Ce qui tombait bien parce que Mao ne les aimait pas trop libérées ; pour tout dire, il les préférait même soumises, voire asservies. Les témoins de l'époque décrivent un Grand Timonier entouré d'une cohorte de matelotes. Ses nombreuses maîtresses étaient priées de satisfaire ses caprices dans des nuits de débauche au cœur de son palais comme à bord de son train spécial. À mesure qu'il vieillissait, elles étaient de plus en plus jeunes, si bien que dans ses dernières années, le moloch rouge exigeait qu'on lui livre des lolitas. Faut-il enfin parler de Fidel Castro ? Lui aussi était un *serial lover*, en tout cas un collectionneur auquel aucune dame ou demoiselle sur laquelle il avait des vues n'était supposée résister. Ces parangons de vertu révolutionnaire ont-ils fait avancer la cause des femmes ? Difficile, en tout cas, de dire que ces prédateurs ont été à l'avant-garde pour défendre leur droit à disposer d'elles-mêmes, puisque ce sont eux qui se chargeaient de disposer d'elles selon leurs désirs.

Mais les néoféministes se préoccupent moins du sort des femmes que de leur propre idéologie. Condamner le patriarcat systémique de la société française leur permet de couvrir l'asservissement de la condition féminine ailleurs. En l'occurrence, elles se soumettent volontiers à la faucille et au Croissant. Iront-elles jusqu'à endosser la tendance Kadyrov qui, en Tchétchénie, allie la nostalgie pour le passé soviétique et la fascination pour le futur islamiste ? On sait le triste sort de la journaliste Anna Politkovskaïa, assassinée à Moscou le 7 octobre 2006 vraisemblablement sur ordre du tyranneau caucasien. Sans doute un cadeau pour son maître et seigneur, puisque ce même jour le Kremlin fêtait le cinquante-quatrième anniversaire de Vladimir Poutine. On connaît moins la fin également terrible et sordide de sa consœur et amie Natalia Estemirova. D'origine russe et tchétchène, cette journaliste, militante des droits humains et membre de l'ONG Memorial, enquêtait à Grozny sur les disparitions frappant les opposants au satrape. Elle fut à son tour enlevée le 15 juillet 2009. Depuis un an, Ramzam Kadyrov multipliait publiquement les menaces à son encontre. Lors d'une conférence de presse où elle s'était rendue en osant ne pas porter le voile, dont le port est obligatoire en présence du dictateur, Kadyrov lui avait lancé : « Tu dois te comporter comme une femme respectable, pas comme une pute. Mais toi, tu veux me provoquer en m'excitant avec ta chevelure. » Tout juste après son enlèvement, on retrouva Natalia Estemirova morte dans un bois, le visage, la poitrine et le ventre criblés de balles. On n'a vu ni Jean-Luc Mélenchon, ni aucune dame de LFI lors de la cérémonie rendue à Paris en hommage à cette femme n'ayant pas hésité à risquer et à perdre sa vie pour rendre justice à la vérité et à la liberté.

Le drame, c'est que les discours délirants de la néogauche brouillent les messages le plus légitimes et dénaturent les luttes les plus cruciales. En faisant l'apologie du voile islamique, en défendant les archaïsmes religieux, en soutenant les oppresseurs à barbe, en promouvant des agresseurs sexuels, ces féministes desservent la cause des femmes.

La social-démocratie s'est en revanche toujours battue contre les violences que toutes les époques leur ont fait subir. Yvette Roudy, ministre des Droits de la femme dans les premiers gouvernements de François Mitterrand, et le Collectif féministe contre le viol ont beaucoup contribué à faire progresser la législation dans ce sens. Ma gauche a été de tous les combats : pourtant de droite, Lucien Neuwirth et Simone Weil se sont appuyés sur elle quand il s'est agi de faire voter les lois légalisant la contraception et l'avortement. Elle seule fera avancer le combat pour l'égalité des femmes. En revanche, les chimères de la néo-gauche le feront toujours reculer. Ou, pire, chercheront à le disqualifier et à l'annuler au profit du culte de l'anarchie et de la force.

10.

La fureur, la violence et le chaos

On entend souvent dire que les députés sont des gens trop payés et qui n'en fichent pas lourd. Croyez-moi, rien n'est plus faux que cette légende populiste. Le mandat parlementaire, que j'ai exercé pendant quinze ans, est exigeant, envahissant, épuisant physiquement et nerveusement. Les séances peuvent vite devenir un enfer quand vous vous faites harceler par les gens de la néogauche de l'ouverture des débats jusqu'à la séance de nuit. Douze heures d'affilée, cela vous laisse sur les rotules. J'ai dû affronter cette stratégie assumée qui consiste à « bordéliser les débats ». Il ne s'agit pas seulement d'interdire le travail législatif en déposant des milliers d'amendements pour bloquer un texte, ce qui s'apparente à de l'antiparlementarisme, mais aussi de « tout conflictualiser ». Et ce, selon les consignes officielles du chef suprême dictant la ligne, Jean-Luc Mélenchon, pour qui la démocratie ne vaut que comme un fusil à un coup : le pouvoir se prend et, une fois pris, ne se rend pas.

Tel le veut en effet le trotskisme de son maître Pierre Lambert, le fondateur de l'OCI. Évoquant ce militantisme radical épris de clandestinité auquel il se confrontait lors de sa jeunesse, Edwy Plenel, qui avait adhéré de son côté à la LCR, a dénoncé « son machisme arrogant, ses automatismes langagiers, sa vulgate hermétique, ses agressions physiques, son impudence satisfaite ». Comme un portrait en ombre chinoise du *lider minimo*.

Les députés de la néogauche ne se comportent pas en parlementaires. Ils ne donnent pas l'impression d'être là pour assurer le rôle qui est celui du pouvoir législatif dans un régime démocratique. Examinez attentivement leur pedigree. Pour qui sait lire entre les lignes, ces femmes et ces hommes sont des militants ayant passé l'essentiel de leur vie à s'illustrer dans des actions musclées depuis les assemblées générales de leurs années de lycée. Lénine les appelait des « révolutionnaires professionnels ». Ils sont entièrement dévoués à la réalisation de cet objectif unique défini par le lambertisme : prendre le pouvoir par tous les moyens, y compris la violence, pour imposer leur dictature. Ces soixante-quinze spécialistes de l'agit-prop vont torpiller les débats démocratiques, les envenimer, les enflammer par leurs provocations.

La pression exercée sur les groupes de la majorité sera vite insoutenable. Les députés de Renaissance, qui sont civilisés, peu expérimentés parce que souvent issus de la société civile et donc tendres, risquent l'épuisement, voire de craquer psychologiquement. Mais tel est bel bien le pari et le but de la néogauche. Certes, la Chambre des députés a été le théâtre d'affrontements mémorables sous la Troisième République quand les encriers volaient et que les pupitres claquaient. Mais on n'avait pas encore vu un groupe se comporter comme le font les bandes dans les quartiers pour intimider des députés peu rompus aux manœuvres de subversion.

Cette violence physique et verbale ne se cantonne pas aux échanges avec les journalistes et le reste de la sphère politique. Elle se manifeste aussi dans les rapports sociaux. Je ne vais pas scruter les luttes internes à la Centrale à la manière dont les haruspices romains inspectaient les entrailles des poulets pour savoir si la CGT s'est mise au service de Mélenchon après avoir été pendant cinquante ans la courroie de transmission du Parti communiste, et donc de l'URSS. Il me suffit de constater qu'on assiste à un festival permanent de surenchère entre les uns et les autres.

Mortifiés d'avoir été éliminés dès le premier tour de la présidentielle, humiliés de n'avoir pas envoyé leur leader à Matignon, les membres de LFI ont tenté de nous faire croire qu'ils avaient été dépouillés de leur légitime victoire par la République. La ficelle était un peu grosse, ce qui n'a pas empêché les militants et sans doute certains électeurs d'y croire. La crédulité de certains m'a toujours stupéfié. En les écoutant, je me dis parfois : « Non, ils plaisantent. » Eh bien, pas du tout. Souvenez-vous des procès de Moscou, dont les accusations monstrueuses puaient la machination et le mensonge jusqu'à Paris. Cela n'a pas empêché les communistes, les compagnons de route et les intellectuels ou écrivains officiels du Parti, certains parmi les plus distingués de l'époque, de les prendre pour argent comptant.

De la part de la néogauche, plus rien ne peut me surprendre. Ces gens vivent en vase clos, s'informent en lisant leurs tracts et leurs libelles, ânonnent des slogans et manquent du moindre esprit critique. Donc, après avoir cru de bonne foi qu'on les avait spoliés de leur résultat électoral – alors qu'en réalité, ils ont réalisé le score le plus faible de l'histoire de la gauche depuis 1848 – les voilà qui préviennent les Français de leur intention d'organiser un troisième tour « dans la rue ».

On ne peut pas discuter à l'infini des moyens auxquels le peuple peut avoir recours pour exprimer sa volonté. En démocratie, les élections, et elles seules, sont légitimes. Alors, on peut finasser : scrutin direct ou indirect, démocratie directe ou représentative. Mais regardez les véritables démocraties, toutes ont recours aux élections. Les démocratures et certaines dictatures feignent aussi de consulter leur peuple, mais les résultats sont faussés, comme en Russie et en Iran. Enfin, les « démocraties populaires », comme la Chine, n'organisent pas d'élections. C'est le parti communiste, en sa qualité d'avant-garde de la classe ouvrière, qui exprime la volonté du peuple. À l'intérieur du parti, c'est la direction qui exprime la volonté du parti. Et au sein de la direction du parti, c'est le grand leader qui exprime la volonté de la direction du parti, puis en cascade, celle du parti et du peuple. Comment Xi Jinping fait-il pour savoir ce que souhaite le peuple ? C'est magique. Il faut être un timonier pour le savoir. Ou rêver de le devenir lorsqu'il faut se contenter de piaffer et de fulminer aux portes du pouvoir qui, sans cesse, vous échappe.

La plupart des régimes qui suscitent l'admiration de la néogauche fonctionnent sur ces principes. Rien de surprenant, la Chine ayant adopté la même philosophie politique à base de marxisme et de léninisme que La France insoumise. Pas besoin d'être grand clerc pour imaginer ce dont nous menace l'extrême gauche sous les oripeaux de sa sixième République. Mais en attendant ? Il suffit de reconduire cet autre axiome selon lequel le parti se renforce en s'épurant. La vidéo a fait le tour du monde : le 22 octobre 2022, lors du congrès du Parti communiste chinois qui consacre l'octroi des pleins pouvoirs à Xi Jinping, l'ancien président Hu Jintao, suspect de réformisme, est escorté de force par des nervis vers la sortie. Le 10 décembre 2023, à la suite d'une mystérieuse « consultation » interne et, en fait, dans l'unique but d'éteindre la fronde suscitée par l'affaire Quatennens, le dauphin en titre, Manuel Bompard et quelques jeunes du même acabit qui ont pour première qualité d'être aisément manipulables sont nommés à ce qui tient de direction visible à LFI. Exit les grognards, François Ruffin, Alexis Corbière, Raquel Garrido, Clémentine Autain… Leur faute ? Avoir pensé qu'ils pouvaient avoir une opinion en se montrant plus sensibles au sort d'une femme battue qu'à celui d'un dynaste brutal. Mais ainsi va depuis toujours la roue rouge qui avance en dévorant ses enfants.

Dans l'esprit de Mélenchon et des siens, en tout cas, la rue a le devoir, dans une démocratie bourgeoise, de prendre l'ascendant sur le verdict des urnes. Pas à Cuba, puisqu'il y a un parti avant-garde de la classe ouvrière. Là-bas, la rue est factieuse et la police peut tirer. Mais en France, la rue est populaire, prolétarienne : elle est donc légitime. Il faut avoir une drôle de conception de la décision politique pour en arriver à penser qu'après que la démocratie s'est exprimée, le dernier mot revient à la violence urbaine. Serait-ce qu'il faut hâter, après la consécration de la théatrocratie, l'avènement de la voyoucratie ?

Certains syndicats voient bien entendu les choses différemment. Partout dans le monde, les syndicats défendent les intérêts de leurs adhérents : ils s'assoient à la table des négociations, face au patronat ou au gouvernement, pour décider ensemble des augmentations salariales ou des mesures sociales. Une pratique de la démocratie à laquelle la CFDT, l'UNSA, la CFE-CGC ou la CFTC se soumettent avec exemplarité, comme le font aussi, depuis des lustres, les centrales allemandes et scandinaves. Mais cette approche des rapports sociaux est loin de faire l'unanimité. Parce qu'en France – et c'est une spécificité que nous partageons avec les derniers tyrannosaures, comme la Corée du Nord ou Cuba –, nous avons encore des syndicats révolutionnaires. Le premier, c'est la CGT qui navigue toujours plus ou moins dans l'idéologie communiste moscoutaire. Cette centrale revendique 650 000 adhérents, ce qui fait sourire les observateurs avertis. Les camarades syndiqués, c'est comme les manifestants : les organisateurs en voient plus qu'il n'y en a vraiment. Ensuite, on a Sud-Solidaires et ses prétendus 110 000 syndiqués. Son origine ? Une scission de postiers CFDT proches de la Ligue communiste révolutionnaire, groupuscule trotskiste hyperactif. Force ouvrière n'est pas à proprement parler un syndicat révolutionnaire, d'autant que cette centrale est née après les grandes grèves de 1947 d'une scission avec la CGT, mais certaines de ses branches sont contrôlées par une autre famille de l'extrême gauche trotskiste, le courant lambertiste. La FSU, qui est un peu le pendant de la CGT chez les enseignants, aligne elle aussi ses bataillons sur les principes du mélenchonisme. Enfin, l'UNEF complète cette galaxie de l'extrême gauche syndicale.

Je n'irai pas dire que ces centrales ne défendent en rien les intérêts de leurs adhérents, parce que ce ne serait pas vrai. En revanche, ce n'est pas vraiment leur préoccupation principale. Depuis des décennies, l'obsession de ces syndicalistes se résume en quelques mots : détruire la civilisation occidentale pour changer de monde. Veulent-ils en faire un monde meilleur ? Plutôt un univers concentrationnaire comme ceux que l'histoire a vu se répandre puis régresser tout au long du siècle dernier. Signe qu'il faut interpréter comme une glissade vers les passions tristes : ces syndicats (FSU, Sud-Solidaires) ou leurs représentants (CGT, UNEF, mais pas FO) ont défilé derrière LFI à la manifestation du 10 novembre 2019.

Le troisième tour a donc commencé juste après les législatives de juin 2022. La CGT a bloqué les aéroports de Paris le 1er juillet, juste pour les départs en vacances. Cinq jours plus tard, la CGT et Sud Rail ont bloqué les gares. Après, les moustachus de Montreuil ont laissé les camarades partir en vacances. Mais sitôt les parties de pétanque-pastis terminées, la CGT a bloqué les raffineries. Et quand ses piquets de grève ont raccroché leurs gilets rouges, ceux d'EDF ont pris la relève pour empêcher les centrales nucléaires mises en maintenance d'être de nouveau raccordées au réseau électrique. C'était l'affaire de quelques semaines. Puis, les vacances de Noël s'annonçant, les cheminots ont ressorti leurs calicots-braseros-merguez.

On l'a compris : le troisième tour est une guérilla sociale destinée à durer. Je suis prêt à parier qu'elle va se prolonger jusqu'à la fin du quinquennat. Elle n'affecte évidemment que les secteurs publics où les syndicats révolutionnaires sont bien implantés. Des activités où les salariés ne sont pas vraiment des forçats de la faim, qu'il s'agisse de la SNCF ou des raffineries. Qui ces grèves gênent-elles ? Pas les employeurs publics qui combleront toujours leurs déficits grâce aux impôts des Français. Pas davantage les compagnies pétrolières qui sont richissimes. Alors qui ? Les Français, pardi. Et notamment les salariés les plus modestes qui galèrent chaque matin et chaque soir dans les trains de banlieue ou les bretelles d'autoroute.

Les salariés des secteurs en grève sont-ils nombreux à soutenir le mouvement ? Des chiffres ont circulé, diffusés par ceux qui refusaient de suivre. Dans les raffineries, on a parlé de quatre-vingt-dix personnes, un nombre suffisant pour bloquer l'industrie pétrolière, quand bien même les autres syndicats auraient signé un accord de reprise du travail. Dans les services publics, il suffit de quelques centaines de grévistes aux points névralgiques pour paralyser entièrement l'activité.

Faut-il y voir la cause de la désaffection des Français pour leurs syndicats ? Cela en fait partie, à coup sûr. Selon les chiffres les plus récents de la Direction de l'animation de la recherche, des études et des statistiques (Dares), l'administration idoine du ministère du Travail, seuls 10,3 % des salariés étaient syndiqués en 2019, dont 7,8 % dans le privé et 18,4 % dans le public. Détail cocasse : ce sont les ouvriers (9 %) qui rechignent le plus à prendre leur carte. Chez nous, le taux de syndicalisation n'a cessé de dégringoler depuis la Libération, une époque où il flirtait avec les 30 %. La France détient même la lanterne rouge de l'OCDE (les trente-huit pays les plus riches du monde) alors que les démocraties d'Europe du Nord affichent des taux de 50 à 80 % d'encartés. Le moins que l'on puisse en dire, c'est que le syndicalisme révolutionnaire ne fait pas recette.

Alors, à quoi la guérilla est-elle utile ? À entraver l'action publique. Il est rare, en France, qu'un gouvernement réussisse à mettre en œuvre la politique pour laquelle les Français l'ont élu. C'est vrai depuis le gouvernement de Raymond Barre, en 1976. Il y eut quelques exceptions : la gauche en 1981 ou la droite en 1986. Mais depuis quarante ans, en général, les vainqueurs des élections ne gouvernent pas. Le « troisième tour » les met dans l'incapacité de le faire. Après la première élection d'Emmanuel Macron, en 2017, les syndicats révolutionnaires ont tout de suite défilé dans les rues, la CGT en tête. Sans franc succès, tant les cortèges étaient étiques. Ils ont alors déclenché leurs grèves tournantes réussissant à bloquer la SNCF et les transports parisiens : avec moins de 10 % de grévistes, ils ont paralysé le métro, empoisonnant la vie de millions de travailleurs. L'enjeu ? Empêcher qu'à partir de 2020 la compagnie ferroviaire ne recrute plus ses agents sous un statut de fonctionnaire. La réforme est tout de même passée.

Mais les Gilets jaunes faisant leur apparition un an et demi plus tard (en novembre 2018), l'extrême gauche et l'extrême droite n'ont pas tardé à leur emboîter le pas, noyautant et manipulant le mouvement pour le faire basculer dans toujours plus de violence. On se souvient des chasubles rouges et des calicots de la CGT ou de la présence dévastatrice des *black blocs* et autres « antifas » dans les défilés des Gilets jaunes. Ces derniers ont mis au point une méthode très efficace pour faire dégénérer les manifestations en harcelant continûment les forces de l'ordre. On a même vu une pseudo-infirmière accabler de coups de poing un pompier qui tentait d'éteindre un incendie de véhicule. Des manières de nervis que Mélenchon et les siens excusent systématiquement en dénonçant des « violences policières », allant jusqu'à qualifier Macron de « dictateur ».

L'attitude qui consiste à contredire les urnes par la violence urbaine est bien sûr un déni de démocratie. Cela ne semble pourtant déranger personne. Depuis un siècle, l'extrême droite et l'extrême gauche ont toujours tourné le dos à leur pays. Les uns et les autres poussent le cynisme politique jusqu'à déstabiliser ou à tout le moins affaiblir l'économie française dans l'espoir de provoquer des situations insurrectionnelles : en plombant l'activité, on a davantage d'occasions de fabriquer de la pauvreté, voire de la misère, et donc des populations enclines à se détourner des formations démocratiques. Tous les pays qui ont réalisé les réformes que l'on interdit à la France ont renoué avec le plein-emploi. Autrement dit, l'action délétère de nos extrêmes prive 700 000 Français de job. Voilà pourquoi la néogauche n'a aucune envie de remettre l'ascenseur social en marche. La société sans classe dont elle rêve est une espèce d'état miséreux résultant d'un nivellement par le bas.

Cette fois encore, eux et nous sommes irréconciliables. À l'opposé de l'extrême gauche, la social-démocratie s'est en effet toujours battue pour que les enfants d'ouvriers soient instituteurs et que leurs propres enfants deviennent médecins. C'est ce qui s'est passé dans beaucoup de familles de l'après-guerre, dont la mienne. Mais les imbécillités volant en escadrille, on a aussi ressuscité le « droit à la paresse ».

Toute l'histoire est partie d'une réflexion de Fabien Roussel qui, à la Fête de l'Humanité, s'est déclaré partisan d'une « gauche du travail et pas des allocs ». Pour ceux qui n'auraient pas bien compris, le secrétaire général du Parti communiste a enfoncé le clou : « La gauche doit défendre le travail et ne pas être la gauche des allocations et des minima sociaux. [...] Je ne suis pas pour une France du RSA et du chômage. » Fermez le ban. Que n'avait-il dit ? On lui est tombé sur le râble, le traitant de réactionnaire et l'accusant, comme d'habitude, de reprendre à son compte « les propos de l'extrême droite ». Pour les contradicteurs de Roussel, il n'y a pas à se poser de question : une économie de l'assistanat semble préférable à une économie du travail.

C'est à se demander si ces gens-là ont seulement un peu travaillé « dans la vraie vie », comme disent les

Français. Ont-ils perdu de vue que pour les nourrir, les vêtir, les loger, les déplacer, les éduquer, les soigner ces militants qui n'ont d'autre profession que le militantisme, il faut que certains de nos compatriotes se retroussent les manches ? Ces obsessionnels de l'égalité considèrent-ils que certains de nos concitoyens doivent se tuer au travail pour que d'autres puissent se la couler douce ? Les camarades ont-ils tout simplement oublié de quoi « les travailleurs » sont le nom ? Faut-il leur rappeler que ce concept marxiste si cher à leur cœur fait justement référence au labeur solidaire ?

La social-démocratie a toujours été redistributrice, mais pas confiscatoire. En France, l'indice Gini, qui mesure les inégalités de revenus après redistribution, place la France ainsi que le Nord et l'Est de l'Europe parmi les pays les plus égalitaires de la planète. En revanche, la Chine, la Russie et Cuba, qui sont si chers à l'extrême gauche, redistribuent très peu.

Personnellement, je ne crois pas au socialisme « franciscain », par référence à saint François d'Assise, que prétend prêcher la néogauche. Je ne crois pas que l'on puisse construire une société dans laquelle les uns travailleraient en sachant que le fisc leur prendrait la quasi-totalité de leur revenu pour le distribuer à d'autres personnes qui recevraient de l'argent sans participer à l'effort collectif. La société rêvée des membres de LFI n'est pas plus viable que la défunte Union soviétique, à laquelle Jean-Luc Mélenchon feint toujours de faire confiance lorsqu'il s'engage à supprimer l'économie de marché. On peut d'ailleurs se demander s'ils seraient prêts à accepter pour eux-mêmes un pareil dépouillement. Je pense que les bénéficiaires des minima sociaux qui sont en état physique et psychique d'avoir une activité devraient consacrer une partie de leur temps à la collectivité : quand on accepte de recevoir, il faut accepter de donner.

La néogauche ne nous épargne rien. Poursuivant son entreprise de déstabilisation, elle s'empare de tout ce qui ruine le sens commun. Y compris la très californienne théorie du genre. Venu des États-Unis, ce dogmatisme irrationnel entend refonder tout le vocabulaire par lequel le français, à la suite du grec et du latin, désigne les deux sexes depuis un millénaire. Et l'imposer de façon autoritaire à tous nos contemporains. Dès lors, il ne semble plus possible de parler d'homme et de femme, de garçon et de fille. On a ainsi vu la direction de Sciences Po intenter un vrai procès des années trente contre son professeur de danse en couple qui s'obstinait à parler d'homme et de femme en enseignant le tango plutôt que de *leader* et de *follower*, parce qu'elle ne pouvait se résigner à ne considérer les femmes que comme des suiveuses. Le courage n'étant pas nécessairement la vertu cardinale des écoles et des universités, celles-ci préfèrent souvent l'absurde au raisonnable. Pourvu que les étudiants de Sciences-Po n'en viennent pas à prendre le parti des ayatollahs de Téhéran contre les femmes « corrompues par l'Occident », car l'on n'ose imaginer le communiqué de la direction à ce sujet.

On ne peut donc plus parler d'hommes, on ne peut plus parler de femmes. Certaines mairies en viennent à vouloir « dégenrer » leurs écoles communales. Des partisans de cette « théorie » veulent aussi aider les enfants ou les adolescents « en transition » à réaliser leur transformation en leur donnant accès à des médications, voire à de la chirurgie mutilante. L'Observatoire de la petite sirène, un groupe de médecins, de pédiatres, de psychanalystes et d'universitaires, s'est insurgé contre cette vague, considérant que que le sexe est « assigné » à la naissance et qu'il est donc inacceptable de « désigner à la vindicte comme l'ennemi à abattre quiconque affirme qu'il y a deux sexes ». Les mêmes se battent pour que l'on accompagne les jeunes aspirants au changement de genre dans l'attente de leur majorité avant de s'engager dans d'éventuelles transformations physiques.

Loin de juger cette proposition raisonnable, les médias affiliés à la néogauche l'ont jugée conservatrice, quand ce n'était pas pire. Estimant que toute revendication d'une minorité est l'expression d'une avancée sociétale, ces idolâtres du « progrès » préfèrent le bistouri à la réflexion. Ils auraient pu au moins considérer que deux points de vue pouvaient se confronter, qu'un débat était salutaire. Mais la néogauche finit généralement par considérer que quiconque n'est pas de son avis est un « fasciste », au demeurant tout comme l'extrême droite estime « gauchiste » quiconque ne dit pas comme elle – Emmanuel Macron a d'ailleurs le privilège d'être qualifié des deux tares supposées. Cette apparente bipolarité politique est grandement factice : elle n'empêche pas les électeurs des deux bords d'être nombreux, dans le silence de l'isoloir, à voter pour le frère ennemi qui, malgré les anathèmes, les criailleries et les égosillades, leur semble plus acceptable que les candidats démocrates.

Il n'est pas inutile, vous allez le voir, de s'intéresser aux statistiques. Combien y a-t-il de personnes transgenres en France ? Personne ne le sait vraiment. L'association Objectif respect trans estime leur nombre à 15 000 en 2020, et un rapport publié en janvier 2022 par le ministère de la Santé évoque une fourchette allant de 20 000 à 60 000 individus. D'autres chiffres circulent, plus ou moins sourcés, plus ou moins fantaisistes. Enfin, peu importe : une seule personne transgenre serait discriminée que ce ne serait pas acceptable. Mais pas plus que le fait que 0,02 à 0,08 % de nos concitoyens entendent imposer un usage hallucinant de notre langue à plus de 99,92 % d'entre nous.

D'ailleurs, combien de Français sont vraiment transphobes ? Davantage qu'il n'existe de personnes transgenres, sans aucun doute. Une réaction cohérente voudrait que l'on s'adresse à ces citoyens, que l'on aille à leur rencontre, que l'on se montre didactique à leur égard. Ce n'est évidemment pas le choix de la néo-gauche qui préfère rester frileusement dans l'anathème du plouc toxique et la désignation du bouc émissaire terriblement plus commodes.

La transphobie, c'est les autres. J. K. Rowling, par exemple, l'auteur de *Harry Potter*, qui s'est permis d'indiquer qu'une « personne ayant des règles » s'appelle tout simplement une femme. Question cruciale : ce trait d'ironie fait-il de cette merveilleuse romancière aux 500 millions de livres vendus une fasciste haineuse de transsexuels ? Pas du point de vue de la langue française, en tout cas, ni d'un point de vue juridique. Mais ses accusateurs n'en ont eu cure. Sacrilège ! Ils l'ont traînée dans la boue et édicté son bannissement de la société humaine. Désormais, le coupable est celui qui est ainsi désigné par la foule, comme le furent jadis les sorcières de Salem. Ainsi la sorciérophile préférée des adolescents se retrouve-t-elle boycottée par les acteurs mêmes des films inspirés de son talent et menacée de mort sur les réseaux sociaux. Elle a été jugée par la populace.

Drôle d'époque, tout de même, qui voit chacun s'ériger en minorité opprimée pour édicter ses règles de langage et de conduite à l'immense majorité des autres. Gens épris de liberté, nous respectons sans barguigner les droits des personnes transgenres, mais nous n'accepterons jamais que, dans une démocratie, les choix d'une minorité infime puissent s'imposer à tous les Français.

À cet égard, la stratégie politique de la néogauche tient en peu de mots : la fureur, la violence et le chaos. Il faut fracasser la nation en s'appuyant sur les minorités les plus improbables. Il faut faire confiance à l'intersectionnalité, à la convergence des luttes pour entretenir un climat permanent de guerre civile. À les en croire, la France est un enfer sur terre. Une pareille détestation de notre pays a quelque chose de confondant. Il est plus que temps de faire taire de tels aboiements nihilistes et annihilateurs.

11.

La social-démocratie pour ramener la gauche à la raison

La social-démocratie...J'ai pris conscience du réchauffement climatique avant même que le Giec ne le découvre. Le groupement n'existait pas encore quand Emmanuel Le Roy Ladurie, dont j'ai le privilège d'être le cousin, m'a donné à lire son *Histoire du climat depuis l'an mil.* Le grand historien avait publié cet ouvrage en 1967 alors que Maurice Strong, le principal fondateur du Giec, était encore patron d'une compagnie pétrolière. C'est ainsi que j'ai appris que le XVIIe siècle avait été le plus froid du « petit âge glaciaire » et que le réchauffement avait commencé après la mort de Louis XIV.

Je sais que les températures remontent depuis trois siècles et je reconnais que les activités humaines n'ont fait qu'accélérer le phénomène depuis la révolution industrielle. Pourtant, un certain nombre de questions me paraissent toujours faire débat au sein de la communauté scientifique, au point qu'il est presque impossible au profane d'avoir une vision synthétique des enjeux. Le sujet est d'une complexité extrême : seule une poignée de pays dans le monde disposerait des compétences scientifiques et des moyens technologiques permettant de se risquer à prévoir ce que sera la température moyenne du globe à l'horizon 2100. Personne ne s'étonnera donc que les Français soient nombreux à s'interroger.

Quelles sont les différentes causes du réchauffement ? Il y a bien sûr l'effet de serre, mais certains mettent également l'accent sur l'activité solaire, ou encore la physique des océans. Lequel est à l'origine du précédent réchauffement de la planète, qualifié d'optimum climatique médiéval (800 à 1300), à une époque où la terre ne comptait que 300 millions d'habitants et où l'industrie n'existait pas. Quelle part exacte prennent les gaz à effet de serre et la production anthropique de CO_2 dans le réchauffement ? Quel est le poids de l'automobile ou du transport aérien, contre quoi bataillent tous les élus, quand le Giec lui-même estime que les transports dans leur ensemble ne sont responsables dans le monde que de 14 % de la production humaine de dioxyde de carbone ?

Toutes ces questions donnent lieu à des débats passionnés, à des disputes d'experts, à des chiffrages plus ou moins convergents. On aimerait que la parole se libère, que les équipes confrontent leurs hypothèses, leurs raisonnements et leurs résultats. Au lieu de quoi, les uns et les autres se barricadent dans leurs forteresses. La raison de cette absurdité ? Le politique s'est emparé du sujet. Depuis lors, voilà la question climatique polluée par le péremptoire, l'anathème et l'invective. Les uns contredisent le discours officiel, parce qu'il existe bien sûr un discours officiel, les autres brandissent les rapports du Giec. Certains responsables politiques, qui pensent toujours pouvoir détenir simplement une vérité complexe, proclament des certitudes imbéciles, cherchent querelle à qui leur déplaît et prennent par opportunisme des mesures inutilement punitives.

Pourtant, la science n'a jamais avancé que dans le débat. Autrement dit, ce n'est pas au politique de dire la science. Mais pour certains, il n'y a pas de discussion. Tout dialogue, qu'il soit ou non scientifique, tout échange de vues est prohibé. Les rapports des uns et des autres méritent pourtant d'être questionnés. Car si le diagnostic doit être scientifique, la décision doit demeurer politique.

Comme la science, la démocratie n'a jamais progressé que grâce au débat. L'ennui, c'est qu'une certaine gauche l'interdit depuis des décennies. Un débat sur l'économie ? « Ultralibéraux ! » Résultat : on se désindustrialise, on s'endette plus vite que nos voisins, on voit notre pouvoir d'achat s'éroder et notre taux de chômage atteindre des niveaux toujours trop élevés. Un débat sur l'énergie ? « Nucléocrates ! » Conséquence : notre sécurité énergétique se fissure tandis que nos factures d'électricité s'envolent. Un débat sur l'immigration ? « Racistes ! » Du coup, nos gouvernements successifs se retrouvent débordés par des vagues migratoires que l'on ne parvient plus à accueillir dignement, avec des risques d'affrontements interethniques ainsi que d'inévitables effets sur la délinquance et sur le vote en faveur de l'extrême droite. Un débat sur le séparatisme, la radicalisation et le terrorisme ? « Islamophobes ! » Moyennant quoi, quelque 300 de nos concitoyens ont perdu la vie, victimes de cette horreur, en une décennie. Quand les démocraties apaisées parviennent à prendre les mesures qui s'imposent, la néo-gauche confine la France dans l'inaction.

La social-démocratie n'est pas faite pour fracasser la nation et détruire la civilisation française. La social-démocratie, c'est le parti de la réforme. Elle ne doit pas avoir honte de se dire réformiste. Quoi que puissent proclamer les adorateurs de Marx et de Trotski, les Français, les Européens et même les Chinois ont vu leurs conditions d'existence s'améliorer de façon vertigineuse depuis deux siècles. Il n'est évidemment pas question de « supprimer l'économie de marché » comme le souhaite Jean-Luc Mélenchon. Depuis la révolution industrielle, l'action des sociaux-démocrates n'a pas cessé de l'améliorer. C'est là aussi, à l'évidence, ce que nous devons continuer de faire.

Une nouvelle passion agite les écologistes en tous sens. Elle s'appelle la décroissance. En l'occurrence, il s'agirait d'une baisse programmée, organisée et importante du PIB, qui serait supposée sauvegarder l'environnement. Le problème, ce sont ses effets secondaires, parce que les 450 000 emplois de la branche automobile seraient condamnés, de même que ceux du transport aérien, du tourisme et d'autres secteurs clés de notre économie. D'ailleurs, en fouillant un peu dans nos archives, on retrouve un épisode du même type, qu'il va vite falloir raconter aux décroissants.

Consécutive au krach boursier d'octobre 1929, la Grande Dépression a abouti fin 1931 à une chute de la production industrielle de 37 % aux États-Unis, de 42 % en Allemagne et de 23 % en France. Chez nous, le chômage dans les usines a été multiplié par dix, quoique sans dépasser les 15 % de la population active. En Allemagne, il a bondi à 25 %, comme aux États-Unis. Les Allemands qui voyaient leurs 8 millions de chômeurs défiler avec les SA ont fini par porter Hitler au pouvoir. À Paris, la crise a débouché sur la manifestation d'extrême droite du 6 février 1934. Autrement dit, la grande dépression est l'une des principales causes de la Seconde Guerre mondiale et de ses 50 millions de cadavres. Alors, la décroissance, merci bien. D'ailleurs, la social-démocratie a toujours été favorable à la croissance parce qu'elle crée des richesses, de l'activité, de l'emploi, quitte à l'appuyer sur le business vert.

Je pense que le temps est venu de lever les ambiguïtés. À la différence de la néogauche dont les composantes sont toujours attachées à l'économie administrée et à la « collectivisation des moyens de production », la gauche démocratique chez nous n'a toujours pas achevé son « Bad Godesberg », à savoir le congrès de novembre 1959 où le SPD allemand a abandonné la référence au marxisme et a condamné le communisme. La social-démocratie française doit avoir le courage de trancher, d'être claire sur ses fondamentaux. La gauche américaine, Tony Blair et le *New Labour*, l'Italie, l'Europe du Nord et beaucoup d'autres ont depuis longtemps remisé Karl Marx au magasin des antiquités. La démocratie se porte beaucoup mieux sans lui et sans ses adorateurs.

Souvenez-vous de ce que nous dit l'historien Yuval Noah Harari : le monde a davantage changé depuis notre naissance qu'au cours des millénaires qui nous séparent de l'Âge de pierre. Mais la néogauche s'obstine à regarder le monde complexe, globalisé, post-industriel et hyperconnecté dans lequel nous vivons avec les lunettes de Napoléon III. C'est un peu comme si on voulait se soigner avec une médecine antérieure à Pasteur. Et n'allez pas non plus révéler à notre extrême gauche qu'aucune des prévisions de Karl Marx ne s'est réalisée, ils croient toujours que le capitalisme va s'effondrer sous l'effet de ses contradictions. La baisse tendancielle du taux de profit ? Cela fait 156 ans que les zélateurs du doctrinaire barbu la guettent, très exactement depuis la publication de son œuvre majeure, *Le Capital*. Mais rien à faire, quand on a la foi : en politique, les néogauchistes ne sont pas des gens rationnels, ce sont des croyants.

Bref, laissons Marx au cimetière de Highgate, la social-démocratie n'est pas là pour servir d'« idiote utile » à la machinerie totalitaire. Léon Blum a d'ailleurs refusé de le faire dès 1920. Je rappelle que l'expression « idiots utiles » a été attribuée à Lénine, bien qu'elle soit peut-être apocryphe. Le chef des bolcheviks aurait ainsi désigné les intellectuels qui le soutenaient de bonne foi sans réellement comprendre que son régime ne leur était pas favorable. C'est très exactement ce qui se passe quand les vestiges du Parti socialiste se mettent à la remorque de Jean-Luc Mélenchon, parce que, loin d'être des alliés bienveillants, les activistes de LFI n'auront de cesse de vouloir détruire ce qui reste du parti d'Épinay.

Qu'en reste-t-il, d'ailleurs ? En avril 2012, François Hollande avait réuni 28,6 % des suffrages au premier tour de l'élection présidentielle avant d'être élu au second tour. Les candidats socialistes aux législatives qui avaient suivi avaient totalisé 39,9 % des votes, permettant d'élire 295 députés. Dans le même temps, Jean-Luc Mélenchon avait fait 11,1 % et la LFI 6,9 %. Le PS contrôlait aussi le Sénat, la quasi-totalité des régions, une majorité des départements et les plus grandes villes de France, dont sa capitale. Bref, le Parti socialiste n'avait jamais été aussi puissant depuis la création de la SFIO, il y a plus d'un siècle.

Hollande n'avait plus qu'à gouverner, mais on connaît ses incertitudes, ses hésitations, son goût de la synthèse, son incapacité à trancher. Une bande d'olibrius adepte de l'économie dirigée, d'une fiscalité toujours plus confiscatoire et de l'assistanat à tous les étages s'est méticuleusement appliquée à torpiller son Président, son gouvernement et à détruire le Parti socialiste. Pour le coup, si l'on peut parler d'« idiots utiles », ce sont les « frondeurs » de Hollande qui en sont l'incarnation la plus réaliste. « Idiots », parce qu'il faut quand même l'être fichtrement pour jouer contre son camp au point de ramener son score au premier tour d'une présidentielle de 28,6 % à 6,35 % : vingt-deux points de moins en un quinquennat, c'est un anti-plébiscite. Quant à « utiles », les fossoyeurs de la social-démocratie l'ont incontestablement été à Mélenchon, qui a progressé de 8,5 points sur ces cinq ans. Y avait-il un accord secret entre eux ? On n'en sait rien, mais après une pareille déculottée, on devrait avoir la dignité de se retirer. Ils n'ont pas eu cette élégance : ils ont rempilé sans aucune hésitation derrière Anne Hidalgo. On a donc pris les mêmes et on a recommencé. Le résultat, on le connaît : 1,74 % à l'élection présidentielle, dont 2,17 % dans la ville dont la calamiteuse candidate est le premier magistrat. Un tel désaveu ne l'a pas empêchée de s'accrocher à son trône municipal. Étrange conception de la démocratie.

Anne Hidalgo n'était assurément pas la candidate de la social-démocratie. Elle-même n'est pas représentative de ce courant. Dans sa ville, elle s'est faite la championne d'une gestion qui suscite l'incompréhension de nombreux Parisiens, bien au-delà des seuls électeurs de droite. La maire détruit avec une application méticuleuse les rues de la capitale, multiplie les embouteillages pour désespérer les automobilistes, laisse les campements sauvages s'installer sans réagir pour rassurer les transfrontièristes, provoque l'ire des riverains par son traitement de la toxicomanie et transforme sa ville en dépotoir à ciel ouvert. Mais ne vous avisez pas de lui reprocher la saleté de sa ville, car elle renvoie sans coup férir les importuns à l'extrême droite.

Lors de la campagne présidentielle de 2022, ses propos ne relevaient en rien d'un discours socialiste. À vrai dire, personne ne s'est étonné que la candidate nous serve le laïus habituel de l'extrême gauche. L'une de ses premières propositions s'est adressée aux enseignants dont elle a promis de doubler les salaires, provoquant le scepticisme des intéressés qui se sont demandé d'emblée si l'impétrante n'était pas en train de se payer leur tête. Eh bien, pas du tout, car il s'agissait seulement d'une nouvelle variante de la célèbre théorie économique de l'argent magique. Y a qu'à augmenter les salaires, faut qu'on embauche dans la fonction publique, y a qu'à augmenter la fiscalité, faut qu'on fasse payer les riches. Le reste était à l'avenant : 100 % d'énergies renouvelables, tout le monde à vélo, l'« agroécologie » pour remplacer l'agriculture, etc.

Quant à la direction du PS, elle était partie dans le mur bien avant cette désastreuse présidentielle. À part les marxeries habituelles qui avaient déjà conduit à la déculottée de 2017, sa doctrine n'était pas bien claire. La tentation islamo-gauchiste commençant à prendre de la consistance au cours de l'année qui a suivi, j'ai demandé à Olivier Faure si la direction avait l'intention, dans la perspective des municipales de 2020, de donner l'investiture aux listes qui accueilleraient des candidats liés à l'islam politique. N'ayant reçu aucune réponse, j'ai quitté le Parti socialiste.

Comment assassiner la social-démocratie ? Le dernier acte s'est joué en juin 2020, lorsque la rue Molière (à Ivry-sur-Seine) est passée sous les fourches caudines de l'extrême gauche. Cette fourberie, à laquelle Rachid Temal s'est opposé, a permis aux soumis de retrouver le même nombre de sièges qu'à la sortie de la législature précédente, mais à quel prix ! L'histoire retiendra que les socialistes fauristes ont vendu leur âme pour une poignée de circonscriptions. Seconds couteaux de la néogauche, ils ont perdu leur indépendance, se font incendier quand l'un ou l'autre, dénoncé comme survivant du « courant Hollande », refuse de voter une motion de censure et assistent, résignés, aux psychodrames qui déchirent la LFI.

Camarades électeurs de la néogauche, n'oubliez pas que « la révolution est comme Saturne, elle dévore ses propres enfants ». Les mots sont de Pierre Victurnien Vergniaud, député girondin, à son procès devant le tribunal révolutionnaire, juste avant d'être condamné à la guillotine. Et si vous ne savez pas qui était Saturne,

Chronos chez les Grecs, c'était un ogre sanguinaire qui, comme la Révolution, n'épargnait pas ses adeptes dévoués. Souvenez-vous des Girondins, souvenez-vous des Mencheviks, souvenez-vous des premiers compagnons de Lénine, Mao, Ben Bella, Castro et de tous les autres. Souvenez-vous que tous les maîtres ès violence politique que vous chérissez se sont retournés comme des assassins paranoïaques contre ceux-là mêmes qui les avaient faits rois et, une fois exécutés, ont condamné jusqu'à leur souvenir aux oubliettes de l'histoire.

Dans une démocratie, un parti politique est une force de proposition. Lorsque les socialistes étaient dans l'opposition à Jacques Chirac, ils travaillaient les dossiers pour proposer des alternatives aux mesures gouvernementales sur tous les sujets importants. Au Royaume-Uni, les travaillistes dressent leur *shadow cabinet* face au gouvernement conservateur. En France, les socialistes se contentent de siéger dans l'hémicycle aux côtés d'une poignée de communistes taciturnes et de quelques écologistes, certes plus bruyants, mais qui ne comptent pas davantage. Ils ont tous cessé d'exister sur l'échiquier politique. Ainsi finit la SFIO de Jean Jaurès, la vieille maison de Léon Blum, le parti de François Mitterrand.

LFI fait autant de mal à la gauche démocratique que jadis le Parti communiste. Depuis le quinquennat de François Hollande, on assiste à une espèce de congrès de Tours au ralenti. Certes, la Nupes a réussi à sauver les apparences en dépit du score le plus faible de toute l'histoire de la République qu'a enregistré le camp dit progressiste. Mais quel progrès incarne cette néo-gauche qui navigue au carrefour de tous les totalitarismes ? Guy Mollet disait hier que nous avions le droite la plus bête du monde, ce qui était loin d'être sûr mais elle était sans nul doute championne au jeu du « qui gagne perd », accumulant les rendez-vous manqués avec elle-même. Mais nous avons aujourd'hui, assurément, en la néogauche, la gauche la plus toxique du monde. Poison au cœur de la France, elle est également vénéneuse pour elle-même. Ses incompatibilités – entre néoféminisme, islamisme, LGBTQIA+ – ne demandent qu'à se réveiller.

Moi, j'ai confiance en la social-démocratie. À la différence d'une néogauche toute de noirceur, haineuse de la France et foncièrement pessimiste, la social-démocratie est l'assurance qu'un monde meilleur est possible. Cet optimisme à toute épreuve ramènera la gauche à la raison. Et c'est là un rendez-vous vital que nous présente l'histoire et que nous ne saurions rater. Pour nous-mêmes, mais plus encore pour nos enfants et leurs propres enfants.

Table des matières

Composition : Le vent se lève...

Achevé d'imprimer
sur les presses de la Nouvelle Imprimerie Laballery
58500 Clamecy

N° d'impression : 303518
Achevé dimprimer : avril 2023
Dépôt légal : avril 2023

Imprimé en France